book2
English – Swedish
for beginners

A book in 2 languages

www.book2.de

GOETHE VERLAG

IMPRESSUM

Johannes Schumann:
book2 English - Swedish
EAN-13 (ISBN-13): 9781440434006

© Copyright 2009 by Goethe-Verlag Munich and licensors. All rights reserved. No part of this work may be reproduced or transmitted in any form or by any means, electronic or mechanical, including photocopying and recording, or by any information storage or retrieval system without the prior written permission of Goethe-Verlag GmbH unless such copying ko expressly permitted by federal copyright law. Address inquiries to:

© Copyright 2009 Goethe-Verlag München und Lizenzgeber. Alle Rechte vorbehalten, auch die der fotomechanischen Wiedergabe und der Speicherung in elektronischen Medien. Jede Verwendung in anderen als den gesetzlich zugelassenen Fällen bedarf der schriftlichen Einwilligung des Goethe-Verlags:

Goethe-Verlag GmbH
Postfach 152008
80051 München
Germany

Fax +49-89-74790012
www.book2.de
www.goethe-verlag.com

Table of contents

People	4	At the airport	38	*to need – to want to*	72
Family Members	5	Public transportation	39	to like something	73
Getting to know others	6	En route	40	to want something	74
At school	7	In the taxi	41	to have to do something / must	75
Countries and Languages	8	Car breakdown	42	to be allowed to	76
Reading and writing	9	Asking for directions	43	Asking for something	77
Numbers	10	Where is … ?	44	Giving reasons 1	78
The time	11	City tour	45	Giving reasons 2	79
Days of the week	12	At the zoo	46	Giving reasons 3	80
Yesterday – today – tomorrow	13	Going out in the evening	47	Adjectives 1	81
Months	14	At the cinema	48	Adjectives 2	82
Beverages	15	In the discotheque	49	Adjectives 3	83
Activities	16	Preparing a trip	50	Past tense 1	84
Colors	17	Vacation activities	51	Past tense 2	85
Fruits and food	18	Sports	52	Past tense 3	86
Seasons and Weather	19	In the swimming pool	53	Past tense 4	87
Around the house	20	Running errands	54	Questions – Past tense 1	88
House cleaning	21	In the department store	55	Questions – Past tense 2	89
In the kitchen	22	Shops	56	Past tense of modal verbs 1	90
Small Talk 1	23	Shopping	57	Past tense of modal verbs 2	91
Small Talk 2	24	Working	58	Imperative 1	92
Small Talk 3	25	Feelings	59	Imperative 2	93
Learning foreign languages	26	At the doctor	60	Subordinate clauses: *that* 1	94
Appointment	27	Parts of the body	61	Subordinate clauses: *that* 2	95
In the city	28	At the post office	62	Subordinate clauses: *if*	96
In nature	29	At the bank	63	Conjunctions 1	97
In the hotel – Arrival	30	Ordinal numbers	64	Conjunctions 2	98
In the hotel – Complaints	31	Asking questions 1	65	Conjunctions 3	99
At the restaurant 1	32	Asking questions 2	66	Conjunctions 4	100
At the restaurant 2	33	Negation 1	67	Double connectors	101
At the restaurant 3	34	Negation 2	68	Genitive	102
At the restaurant 4	35	Possessive pronouns 1	69	Adverbs	103
At the train station	36	Possessive pronouns 2	70		
On the train	37	*big – small*	71		

1 [one]

People

1 [ett]

Personer

I	jag
I and you	jag och du
both of us	vi två
he	han
he and she	han och hon
they both	de båda
the man	mannen
the woman	kvinnan
the child	barnet
a family	en familj
my family	min familj
My family is here.	Min familj är här.
I am here.	Jag är här.
You are here.	Du är här.
He is here and she is here.	Han är här och hon är här.
We are here.	Vi är här.
You are here.	Ni är här.
They are all here.	De är alla här.

2 [two]

Family Members

2 [två]

Familj

the grandfather	morfadern, farfadern
the grandmother	mormodern, farmodern
he and she	han och hon
the father	fadern
the mother	modern
he and she	han och hon
the son	sonen
the daughter	dottern
he and she	han och hon
the brother	brodern
the sister	systern
he and she	han och hon
the uncle	farbrodern, morbrodern
the aunt	fastern, mostern
he and she	han och hon
We are a family.	Vi är en familj.
The family is not small.	Familjen är inte liten.
The family is big.	Familjen är stor.

3 [three]

Getting to know others

3 [tre]

Lära känna

Hi!	Hej!
Hello!	God dag!
How are you?	Hur står det till?
Do you come from Europe?	Kommer ni från Europa?
Do you come from America?	Kommer ni från Amerika?
Do you come from Asia?	Kommer ni från Asien?
In which hotel are you staying?	På vilket hotell bor ni?
How long have you been here for?	Hur länge har ni varit här?
How long will you be staying?	Hur länge stannar ni?
Do you like it here?	Trivs ni här?
Are you here on vacation?	Är ni på semester här?
Please do visit me sometime!	Kom och hälsa på mig någon gång!
Here is my address.	Här är min adress.
Shall we see each other tomorrow?	Ses vi imorgon?
I am sorry, but I already have plans.	Tyvärr, jag har annat för mig.
Bye!	Hej då!
Good bye!	Adjö!
See you soon!	Vi ses snart!

4 [four]

At school

4 [fyra]

I skolan

Where are we?	Var är vi?
We are at school.	Vi är i skolan.
We are having class / a lesson.	Vi har lektion.
Those are the school children.	Det där är eleverna.
That is the teacher.	Det där är lärarinnan.
That is the class.	Det där är klassen.
What are we doing?	Vad gör vi?
We are learning.	Vi lär oss.
We are learning a language.	Vi lär oss ett språk.
I learn English.	Jag lär mig engelska.
You learn Spanish.	Du lär dig spanska.
He learns German.	Han lär sig tyska.
We learn French.	Vi lär oss franska.
You all learn Italian.	Ni lär er italienska.
They learn Russian.	De lär sig ryska.
Learning languages is interesting.	Att lära sig språk är intressant.
We want to understand people.	Vi vill förstå människor.
We want to speak with people.	Vi vill tala med människor.

5 [five]

Countries and Languages

5 [fem]

Länder och språk

John is from London.	John är från London.
London is in Great Britain.	London ligger i Storbritannien.
He speaks English.	Han talar engelska.
Maria is from Madrid.	Maria är från Madrid.
Madrid is in Spain.	Madrid ligger i Spanien.
She speaks Spanish.	Hon talar spanska.
Peter and Martha are from Berlin.	Peter och Martha är från Berlin.
Berlin is in Germany.	Berlin ligger i Tyskland.
Do both of you speak German?	Talar ni tyska båda två?
London is a capital city.	London är en huvudstad.
Madrid and Berlin are also capital cities.	Madrid och Berlin är också huvudstäder.
Capital cities are big and noisy.	Huvudstäderna är stora och bullriga.
France is in Europe.	Frankrike ligger i Europa.
Egypt is in Africa.	Egypten ligger i Afrika.
Japan is in Asia.	Japan ligger i Asien.
Canada is in North America.	Kanada ligger i Nordamerika.
Panama is in Central America.	Panama ligger i Mellanamerika.
Brazil is in South America.	Brasilien ligger i Sydamerika.

6 [six]

Reading and writing

I read.
I read a letter.
I read a word.

I read a sentence.
I read a letter.
I read a book.

I read.
You read.
He reads.

I write.
I write a letter.
I write a word.

I write a sentence.
I write a letter.
I write a book.

I write.
You write.
He writes.

6 [sex]

Läsa och skriva

Jag läser.
Jag läser en bokstav.
Jag läser ett ord.

Jag läser en mening.
Jag läser ett brev.
Jag läser en bok.

Jag läser.
Du läser.
Han läser.

Jag skriver.
Jag skriver en bokstav.
Jag skriver ett ord.

Jag skriver en mening.
Jag skriver ett brev.
Jag skriver en bok.

Jag skriver.
Du skriver.
Han skriver.

7 [seven]

Numbers

7 [sju]

Tal

I count:	Jag räknar:
one, two, three	ett, två, tre
I count to three.	Jag räknar till tre.
I count further:	Jag räknar vidare:
four, five, six,	fyra, fem, sex,
seven, eight, nine	sju, åtta, nio
I count.	Jag räknar.
You count.	Du räknar.
He counts.	Han räknar.
One. The first.	Ett. Den första.
Two. The second.	Två. Den andra.
Three. The third.	Tre. Den tredje.
Four. The fourth.	Fyra. Den fjärde.
Five. The fifth.	Fem. Den femte.
Six. The sixth.	Sex. Den sjätte.
Seven. The seventh.	Sju. Den sjunde.
Eight. The eighth.	Åtta. Den åttonde.
Nine. The ninth.	Nio. Den nionde.

8 [eight]

The time

8 [åtta]

Tider

Excuse me!
What time is it, please?
Thank you very much.

Ursäkta!
Hur mycket är klockan?
Tack så mycket.

It is one o'clock.
It is two o'clock.
It is three o'clock.

Klockan är ett.
Klockan är två.
Klockan är tre.

It is four o'clock.
It is five o'clock.
It is six o'clock.

Klockan är fyra.
Klockan är fem.
Klockan är sex.

It is seven o'clock.
It is eight o'clock.
It is nine o'clock.

Klockan är sju.
Klockan är åtta.
Klockan är nio.

It is ten o'clock.
It is eleven o'clock.
It is twelve o'clock.

Klockan är tio.
Klockan är elva.
Klockan är tolv.

A minute has sixty seconds.
An hour has sixty minutes.
A day has twenty-four hours.

En minut har sextio sekunder.
En timme har sextio minuter.
En dag har tjugofyra timmar.

9 [nine]

Days of the week

9 [nio]

Veckans dagar

Monday | måndagen
Tuesday | tisdagen
Wednesday | onsdagen

Thursday | torsdagen
Friday | fredagen
Saturday | lördagen

Sunday | söndagen
the week | veckan
from Monday to Sunday | från måndag till söndag

The first day is Monday. | Den första dagen är måndag.
The second day is Tuesday. | Den andra dagen är tisdag.
The third day is Wednesday. | Den tredje dagen är onsdag.

The fourth day is Thursday. | Den fjärde dagen är torsdag.
The fifth day is Friday. | Den femte dagen är fredag.
The sixth day is Saturday. | Den sjätte dagen är lördag.

The seventh day is Sunday. | Den sjunde dagen är söndag.
The week has seven days. | Veckan har sju dagar.
We only work for five days. | Vi arbetar bara fem dagar.

10 [ten]

Yesterday – today – tomorrow

10 [tio]

Igår – idag – imorgon

Yesterday was Saturday.	Igår var det lördag.
I was at the cinema yesterday.	Igår var jag på bio.
The film was interesting.	Filmen var intressant.
Today is Sunday.	Idag är det söndag.
I'm not working today.	Idag arbetar jag inte.
I'm staying at home.	Jag stannar hemma.
Tomorrow is Monday.	Imorgon är det måndag.
Tomorrow I will work again.	Imorgon fortsätter jag att arbeta.
I work at an office.	Jag arbetar på kontor.
Who is that?	Vem är det?
That is Peter.	Det är Peter.
Peter is a student.	Peter är student.
Who is that?	Vem är det?
That is Martha.	Det är Martha.
Martha is a secretary.	Martha är sekreterare.
Peter and Martha are friends.	Peter och Martha är vänner.
Peter is Martha's friend.	Peter är Marthas vän.
Martha is Peter's friend.	Martha är Peters väninna.

11 [eleven]

Months

11 [elva]

Månader

January
February
March

januari
februari
mars

April
May
June

april
maj
juni

These are six months.
January, February, March,
April, May and June.

Det är sex månader.
Januari, februari, mars,
april, maj, och juni.

July
August
September

juli
augusti
september

October
November
December

oktober
november
december

These are also six months.
July, August, September,
October, November and December.

Det är också sex månader.
Juli, augusti, september,
oktober, november och december.

12 [twelve]

Beverages

12 [tolv]

Drycker

I drink tea.	Jag dricker te.
I drink coffee.	Jag dricker kaffe.
I drink mineral water.	Jag dricker mineralvatten.
Do you drink tea with lemon?	Dricker du te med citron?
Do you drink coffee with sugar?	Dricker du kaffe med socker?
Do you drink water with ice?	Dricker du vatten med is?
There is a party here.	Här är en fest.
People are drinking champagne.	Folk dricker mousserande vin.
People are drinking wine and beer.	Folk dricker vin och öl.
Do you drink alcohol?	Dricker du alkohol?
Do you drink whisky / whiskey *(am.)*?	Dricker du whisky?
Do you drink Coke with rum?	Dricker du Coca-Cola med rom?
I do not like champagne.	Jag tycker inte om mousserande vin.
I do not like wine.	Jag tycker inte om vin.
I do not like beer.	Jag tycker inte om öl.
The baby likes milk.	Babyn tycker om mjölk.
The child likes cocoa and apple juice.	Barnet tycker om chokladmjölk och äppeljuice.
The woman likes orange and grapefruit juice.	Kvinnan tycker om apelsinjuice och grapefruktjuice.

13 [thirteen]

Activities

13 [tretton]

Sysselsättningar

What does Martha do?	Vad gör Martha?
She works at an office.	Hon arbetar på kontor.
She works on the computer.	Hon arbetar vid datorn.
Where is Martha?	Var är Martha?
At the cinema.	På bio.
She is watching a film.	Hon tittar på en film.
What does Peter do?	Vad gör Peter?
He studies at the university.	Han studerar på universitet.
He studies languages.	Han studerar språk.
Where is Peter?	Var är Peter?
At the café.	På kaféet.
He is drinking coffee.	Han dricker kaffe.
Where do they like to go?	Vart tycker de om att gå?
To a concert.	På konsert.
They like to listen to music.	De tycker om att lyssna på musik.
Where do they not like to go?	Vart tycker de inte om att gå?
To the disco.	På diskotek.
They do not like to dance.	De tycker inte om att dansa.

14 [fourteen]

Colors

14 [fjorton]

Färger

Snow is white.
The sun is yellow.
The orange is orange.

Snön är vit.
Solen är gul.
Apelsinen är orange.

The cherry is red.
The sky is blue.
The grass is green.

Körsbäret är rött.
Himlen är blå.
Gräset är grönt.

The earth is brown.
The cloud is grey / gray *(am.)*.
The tyres / tires *(am.)* are black.

Jorden är brun.
Molnet är grått.
Däcken är svarta.

What colour / color *(am.)* is the snow? White.
What colour / color *(am.)* is the sun? Yellow.
What colour / color *(am.)* is the orange? Orange.

Vilken färg har snön? Vit.
Vilken färg har solen? Gul.
Vilken färg har apelsinen? Orange.

What colour / color *(am.)* is the cherry? Red.
What colour / color *(am.)* is the sky? Blue.
What colour / color *(am.)* is the grass? Green.

Vilken färg har körsbäret? Rött.
Vilken färg har himlen? Blå.
Vilken färg har gräset? Grönt.

What colour / color *(am.)* is the earth? Brown.
What colour / color *(am.)* is the cloud? Grey / Gray *(am.)*.
What colour / color *(am.)* are the tyres / tires *(am.)*? Black.

Vilken färg har jorden? Brun.
Vilken färg har molnet? Grå.
Vilken färg har däcken? Svarta.

15 [fifteen]

Fruits and food

15 [femton]

Frukter och livsmedel

I have a strawberry.
I have a kiwi and a melon.
I have an orange and a grapefruit.

Jag har en jordgubbe.
Jag har en kiwi och en melon.
Jag har en apelsin och en grapefrukt.

I have an apple and a mango.
I have a banana and a pineapple.
I am making a fruit salad.

Jag har ett äpple och en mango.
Jag har en banan och en ananas.
Jag gör en fruktsallad.

I am eating toast.
I am eating toast with butter.
I am eating toast with butter and jam.

Jag äter ett rostat bröd.
Jag äter ett rostat bröd med smör.
Jag äter ett rostat bröd med smör och marmelad.

I am eating a sandwich.
I am eating a sandwich with margarine.
I am eating a sandwich with margarine and tomatoes.

Jag äter en smörgås.
Jag äter en smörgås med margarin.
Jag äter en smörgås med margarin och tomat.

We need bread and rice.
We need fish and steaks.
We need pizza and spaghetti.

Vi behöver bröd och ris.
Vi behöver fisk och biffar.
Vi behöver pizza och spaghetti.

What else do we need?
We need carrots and tomatoes for the soup.
Where is the supermarket?

Vad behöver vi mer?
Vi behöver morötter och tomater för soppan.
Var finns en stormarknad?

16 [sixteen]

Seasons and Weather

16 [sexton]

Årstider och väder

These are the seasons:	Det här är årstiderna:
Spring, summer,	Våren, sommaren,
autumn / fall *(am.)* and winter.	hösten och vintern.
The summer is warm.	Sommaren är varm.
The sun shines in summer.	På sommaren skiner solen.
We like to go for a walk in summer.	På sommaren går vi gärna ut och promenerar.
The winter is cold.	Vintern är kall.
It snows or rains in winter.	På vintern snöar eller regnar det.
We like to stay home in winter.	På vintern stannar vi gärna hemma.
It is cold.	Det är kallt.
It is raining.	Det regnar.
It is windy.	Det är blåsigt.
It is warm.	Det är varmt.
It is sunny.	Det är soligt.
It is pleasant.	Det är klart väder.
What is the weather like today?	Vad är det för väder idag?
It is cold today.	Det är kallt idag.
It is warm today.	Det är varmt idag.

17 [seventeen]

Around the house

17 [sjutton]

I huset

Our house is here.	Här är vårt hus.
The roof is on top.	Ovanpå är taket.
The basement is below.	Under finns källaren.
There is a garden behind the house.	Bakom huset är en trädgård.
There is no street in front of the house.	Framför huset finns ingen gata.
There are trees next to the house.	Bredvid huset finns det träd.
My apartment is here.	Här är min lägenhet.
The kitchen and bathroom are here.	Här är köket och badrummet.
The living room and bedroom are there.	Där är vardagsrummet och sovrummet.
The front door is closed.	Ytterdörren är stängd.
But the windows are open.	Men fönstren är öppna.
It is hot today.	Det är hett idag.
We are going to the living room.	Vi går in i vardagsrummet.
There is a sofa and an armchair there.	Där är en soffa och en fåtölj.
Please, sit down!	Varsågod och sitt! / Var så god och sitt!
My computer is there.	Där står min dator.
My stereo is there.	Där står min stereoanläggning.
The TV set is brand new.	TV – apparaten är helt ny.

18 [eighteen]

House cleaning

18 [arton]

Städning

Today is Saturday.	Idag är det lördag.
We have time today.	Idag har vi tid.
We are cleaning the apartment today.	Idag städar vi lägenheten.
I am cleaning the bathroom.	Jag städar badrummet.
My husband is washing the car.	Min man tvättar bilen.
The children are cleaning the bicycles.	Barnen tvättar cyklarna.
Grandma is watering the flowers.	Farmor/mormor vattnar blommorna.
The children are cleaning up the children's room.	Barnen städar barnkammaren.
My husband is tidying up his desk.	Min man städar sitt skrivbord.
I am putting the laundry in the washing machine.	Jag lägger tvätten i tvättmaskinen.
I am hanging up the laundry.	Jag hänger upp tvätten.
I am ironing the clothes.	Jag stryker tvätten.
The windows are dirty.	Fönstren är smutsiga.
The floor is dirty.	Golvet är smutsigt.
The dishes are dirty.	Porslinet är smutsigt.
Who washes the windows?	Vem putsar fönstren?
Who does the vacuuming?	Vem dammsuger?
Who does the dishes?	Vem diskar?

19 [nineteen]

In the kitchen

19 [nitton]

I köket

Do you have a new kitchen?	Har du ett nytt kök?
What do you want to cook today?	Vad vill du laga för mat idag?
Do you cook on an electric or a gas stove?	Lagar du mat på elektrisk spis eller på gasspis?
Shall I cut the onions?	Ska jag skära löken?
Shall I peel the potatoes?	Ska jag skala potatisen?
Shall I rinse the lettuce?	Ska jag skölja salladen?
Where are the glasses?	Var är glasen?
Where are the dishes?	Var är porslinet?
Where is the cutlery / silverware (am.)?	Var är besticken?
Do you have a can opener?	Har du en konservöppnare?
Do you have a bottle opener?	Har du en flasköppnare?
Do you have a corkscrew?	Har du en korkskruv?
Are you cooking the soup in this pot?	Kokar du soppan i den här kastrullen?
Are you frying the fish in this pan?	Steker du fisken i den här stekpannan?
Are you grilling the vegetables on this grill?	Grillar du grönsakerna på den här grillen?
I am setting the table.	Jag dukar bordet.
Here are the knives, the forks and the spoons.	Här är knivarna, gafflarna och skedarna.
Here are the glasses, the plates and the napkins.	Här är glasen, tallrikarna och servetterna.

20 [twenty]

Small Talk 1

20 [tjugo]

Småprat 1

Make yourself comfortable!
Please, feel right at home!
What would you like to drink?

Slå er ner!
Känn er som hemma!
Vad vill ni ha att dricka?

Do you like music?
I like classical music.
These are my CD's.

Tycker ni om musik?
Jag tycker om klassisk musik.
Här är mina cd-skivor.

Do you play a musical instrument?
This is my guitar.
Do you like to sing?

Spelar ni något instrument?
Här är min gitarr.
Tycker ni om att sjunga?

Do you have children?
Do you have a dog?
Do you have a cat?

Har ni barn?
Har ni en hund?
Har ni en katt?

These are my books.
I am currently reading this book.
What do you like to read?

Här är mina böcker.
Just nu läser jag den här boken.
Vad tycker ni om att läsa?

Do you like to go to concerts?
Do you like to go to the theatre / theater *(am.)*?
Do you like to go to the opera?

Tycker ni om att gå på konsert?
Tycker ni om att gå på teater?
Tycker ni om att gå på operan?

21 [twenty-one]

Small Talk 2

21 [tjugoett]

Småprat 2

Where do you come from?	Var kommer ni ifrån?
From Basel.	Från Basel.
Basel is in Switzerland.	Basel ligger i Schweiz.
May I introduce Mr. Miller?	Får jag lov att presentera herr Müller?
He is a foreigner.	Han är utlänning.
He speaks several languages.	Han talar flera språk.
Are you here for the first time?	Är det första gången ni är här?
No, I was here once last year.	Nej, jag var här redan förra året.
Only for a week, though.	Men bara en vecka.
How do you like it here?	Hur trivs ni här hos oss?
A lot. The people are nice.	Mycket bra. Folk är trevliga.
And I like the scenery, too.	Och jag tycker om landskapet också.
What is your profession?	Vad har ni för yrke?
I am a translator.	Jag är översättare.
I translate books.	Jag översätter böcker.
Are you alone here?	Är ni här ensam?
No, my wife / my husband is also here.	Nej, min fru / min man är här också.
And those are my two children.	Och där är mina båda barn.

22 [twenty-two]

Small Talk 3

Do you smoke?
I used to.
But I don't smoke anymore.

Does it disturb you if I smoke?
No, absolutely not.
It doesn't disturb me.

Will you drink something?
A brandy?
No, preferably a beer.

Do you travel a lot?
Yes, mostly on business trips.
But now we're on holiday.

It's so hot!
Yes, today it's really hot.
Let's go to the balcony.

There's a party here tomorrow.
Are you also coming?
Yes, we've also been invited.

22 [tjugotvå]

Småprat 3

Röker ni?
Förut ja.
Men nu röker jag inte längre.

Stör det er om jag röker?
Nej, inte alls.
Det stör mig inte.

Vill ni ha något att dricka?
En konjak?
Nej, hellre en öl.

Är ni mycket ute och reser?
Ja, för det mesta är det affärsresor.
Men nu är vi på semester här.

Vilken hetta!
Ja, idag är det verkligen hett.
Vi går ut på balkongen.

Imorgon är det fest här.
Kommer ni också?
Ja, vi är också inbjudna.

23 [twenty-three]

Learning foreign languages

23 [tjugotre]

Lära främmande språk

Where did you learn Spanish?	Var har ni lärt er spanska?
Can you also speak Portuguese?	Kan ni portugisiska också?
Yes, and I also speak some Italian.	Ja, och jag kan också lite italienska.
I think you speak very well.	Jag tycker att ni pratar mycket bra.
The languages are quite similar.	Språken är ganska lika.
I can understand them well.	Jag förstår dem bra.
But speaking and writing is difficult.	Men tala och skriva är svårt.
I still make many mistakes.	Jag gör fortfarande många fel.
Please correct me each time.	Var snäll och rätta mig alltid.
Your pronunciation is very good.	Ert uttal är riktigt bra.
You only have a slight accent.	Ni har en liten brytning.
One can tell where you come from.	Man hör, var ni kommer ifrån.
What is your mother tongue / native language (am.)?	Vilket är ert modersmål?
Are you taking a language course?	Går ni på språkkurs?
Which textbook are you using?	Vilket läromedel använder ni?
I don't remember the name right now.	Jag vet inte just nu, vad det heter.
The title is not coming to me.	Jag kommer inte ihåg titeln.
I've forgotten it.	Jag har glömt det.

24 [twenty-four]

Appointment

24 [tjugofyra]

Stämma träff

Did you miss the bus?	Har du missat bussen?
I waited for you for half an hour.	Jag har väntat en halvtimme på dig.
Don't you have a mobile / cell phone *(am.)* with you?	Har du ingen mobil med dig?
Be punctual next time!	Var punktlig nästa gång!
Take a taxi next time!	Ta en taxi nästa gång!
Take an umbrella with you next time!	Ta med dig ett paraply nästa gång!
I have the day off tomorrow.	Imorgon är jag ledig.
Shall we meet tomorrow?	Ska vi träffas imorgon?
I'm sorry, I can't make it tomorrow.	Nej tyvärr, imorgon går det inte för min del.
Do you already have plans for this weekend?	Har du något för dig i slutet av veckan?
Or do you already have an appointment?	Eller har du redan stämt träff med någon?
I suggest that we meet on the weekend.	Jag föreslår, att vi ses i slutet av veckan.
Shall we have a picnic?	Ska vi göra en picknick?
Shall we go to the beach?	Ska vi åka till stranden?
Shall we go to the mountains?	Ska vi åka till bergen?
I will pick you up at the office.	Jag hämtar dig från kontoret.
I will pick you up at home.	Jag hämtar upp dig hemma.
I will pick you up at the bus stop.	Jag hämtar dig vid busshållplatsen.

25 [twenty-five]

In the city

25 [tjugofem]

I staden

I would like to go to the station.	Jag vill till stationen.
I would like to go to the airport.	Jag vill till flygplatsen.
I would like to go to the city centre / center *(am.)*.	Jag vill till centrum.
How do I get to the station?	Hur kommer jag till stationen?
How do I get to the airport?	Hur kommer jag till flygplatsen?
How do I get to the city centre / center *(am.)*?	Hur kommer jag till centrum?
I need a taxi.	Jag behöver en taxi.
I need a city map.	Jag behöver en stadskarta.
I need a hotel.	Jag behöver ett hotell.
I would like to rent a car.	Jag skulle vilja hyra en bil.
Here is my credit card.	Här är mitt kontokort.
Here is my licence / license *(am.)*.	Här är mitt körkort.
What is there to see in the city?	Vad finns det att se i staden?
Go to the old city.	Gå i gamla stan.
Go on a city tour.	Ta en rundtur genom staden.
Go to the harbour / harbor *(am.)*.	Gå till hamnen.
Go on a harbour / harbor *(am.)* tour.	Ta en tur i hamnen.
Are there any other places of interest?	Vilka sevärdheter finns det annars?

26 [twenty-six]

In nature

26 [tjugosex]

I naturen

Do you see the tower there?
Do you see the mountain there?
Do you see the village there?

Ser du tornet där borta?
Ser du berget där borta?
Ser du byn där borta?

Do you see the river there?
Do you see the bridge there?
Do you see the lake there?

Ser du floden där borta?
Ser du bron där borta?
Ser du sjön där borta?

I like that bird.
I like that tree.
I like this stone.

Jag tycker om den där fågeln.
Jag tycker om det där trädet.
Jag tycker om den här stenen.

I like that park.
I like that garden.
I like this flower.

Jag tycker om den där parken.
Jag tycker om den där trädgården.
Jag tycker om den här blomman.

I find that pretty.
I find that interesting.
I find that gorgeous.

Jag tycker det där är fint.
Jag tycker det där är intressant.
Jag tycker det där är fantastiskt vackert.

I find that ugly.
I find that boring.
I find that terrible.

Jag tycker det är fult.
Jag tycker det är långtråkigt.
Jag tycker det är fruktansvärt.

27 [twenty-seven]

In the hotel – Arrival

27 [tjugosju]

På hotellet – ankomst

Do you have a vacant room? | Har ni ett ledigt rum?
I have booked a room. | Jag har reserverat ett rum.
My name is Miller. | Mitt namn är Müller.

I need a single room. | Jag behöver ett enkelrum.
I need a double room. | Jag behöver ett dubbelrum.
What does the room cost per night? | Hur mycket kostar rummet för en natt?

I would like a room with a bathroom. | Jag skulle vilja ha ett rum med badrum.
I would like a room with a shower. | Jag skulle vilja ha ett rum med dusch.
Can I see the room? | Kan jag få titta på rummet?

Is there a garage here? | Finns det ett garage här?
Is there a safe here? | Finns det ett kassaskåp här?
Is there a fax machine here? | Finns det en fax här?

Fine, I'll take the room. | Bra, jag tar rummet.
Here are the keys. | Här är nycklarna.
Here is my luggage. | Här är mitt bagage.

What time do you serve breakfast? | Vilken tid blir det frukost?
What time do you serve lunch? | Vilken tid blir det lunch?
What time do you serve dinner? | Vilken tid blir det middag?

28 [twenty-eight]

In the hotel – Complaints

The shower isn't working.	Duschen fungerar inte.
There is no warm water.	Det kommer inget varmvatten.
Can you get it repaired?	Kan ni låta det repareras?
There is no telephone in the room.	Det finns ingen telefon på rummet.
There is no TV in the room.	Det finns ingen TV på rummet.
The room has no balcony.	Rummet har ingen balkong.
The room is too noisy.	Rummet är för lyhört.
The room is too small.	Rummet är för litet.
The room is too dark.	Rummet är för mörkt.
The heater isn't working.	Uppvärmningen fungerar inte.
The air-conditioning isn't working.	Luftkonditioneringen fungerar inte.
The TV isn't working.	TV-apparaten är sönder.
I don't like that.	Jag tycker inte om det.
That's too expensive.	Det är för dyrt.
Do you have anything cheaper?	Har ni något billigare?
Is there a youth hostel nearby?	Finns det något vandrarhem i närheten?
Is there a boarding house / a bed and breakfast nearby?	Finns det något pensionat i närheten?
Is there a restaurant nearby?	Finns det någon restaurang i närheten?

28 [tjugoåtta]

På hotellet – klagomål

29 [twenty-nine]

At the restaurant 1

Is this table taken?	Är bordet ledigt?
I would like the menu, please.	Kan jag få menyn, tack.
What would you recommend?	Vad kan ni rekommendera?
I'd like a beer.	Jag ska be att få en öl.
I'd like a mineral water.	Jag ska be att få en mineralvatten.
I'd like an orange juice.	Jag ska be att få en apelsinjuice.
I'd like a coffee.	Jag ska be att få en kaffe.
I'd like a coffee with milk.	Jag ska be att få en kaffe med mjölk.
With sugar, please.	Med socker, tack.
I'd like a tea.	Jag skulle vilja ha en te.
I'd like a tea with lemon.	Jag skulle vilja ha en te med citron.
I'd like a tea with milk.	Jag skulle vilja ha en te med mjölk.
Do you have cigarettes?	Har ni cigaretter?
Do you have an ashtray?	Har ni en askkopp?
Do you have a light?	Har ni eld?
I'm missing a fork.	Jag har ingen gaffel.
I'm missing a knife.	Jag har ingen kniv.
I'm missing a spoon.	Jag har ingen sked.

29 [tjugonio]

På restaurangen 1

30 [thirty]

At the restaurant 2

30 [trettio]

På restaurangen 2

An apple juice, please.	En äppeljuice, tack.
A lemonade, please.	En lemonad / läsk, tack.
A tomato juice, please.	En tomatjuice, tack.
I'd like a glass of red wine.	Jag skulle vilja ha ett glas rött vin.
I'd like a glass of white wine.	Jag skulle vilja ha ett glas vitt vin.
I'd like a bottle of champagne.	Jag skulle vilja ha en flaska mousserande vin.
Do you like fish?	Tycker du om fisk?
Do you like beef?	Tycker du om nötkött?
Do you like pork?	Tycker du om griskött?
I'd like something without meat.	Jag skulle vilja ha något utan kött.
I'd like some mixed vegetables.	Jag skulle vilja ha en grönsakstallrik.
I'd like something that won't take much time.	Jag skulle vilja ha något som inte tar lång tid.
Would you like that with rice?	Vill ni ha ris till det?
Would you like that with pasta?	Vill ni ha nudlar till det?
Would you like that with potatoes?	Vill ni ha potatis till det?
That doesn't taste good.	Det där tycker jag inte om.
The food is cold.	Maten är kall.
I didn't order this.	Det där har jag inte beställt.

31 [thirty-one]

At the restaurant 3

31 [trettioett]

På restaurangen 3

I would like a starter.	Jag skulle vilja ha en förrätt.
I would like a salad.	Jag skulle vilja ha en sallad.
I would like a soup.	Jag skulle vilja ha en soppa.

I would like a dessert.	Jag skulle vilja ha en efterrätt.
I would like an ice cream with whipped cream.	Jag skulle vilja ha en glass med vispgrädde.
I would like some fruit or cheese.	Jag skulle vilja ha frukt eller ost.

We would like to have breakfast.	Vi skulle vilja äta frukost.
We would like to have lunch.	Vi skulle vilja äta lunch.
We would like to have dinner.	Vi skulle vilja äta middag.

What would you like for breakfast?	Vad vill ni ha till frukost?
Rolls with jam and honey?	Småfranska med marmelad och honung?
Toast with sausage and cheese?	Rostat bröd med korv och ost?

A boiled egg?	Ett kokt ägg?
A fried egg?	Ett stekt ägg?
An omelette?	En omelett?

Another yoghurt, please.	En yoghurt till, tack.
Some salt and pepper also, please.	Mer salt och peppar, tack.
Another glass of water, please.	Ett glas vatten till, tack.

32 [thirty-two]

At the restaurant 4

I'd like chips / French fries *(am.)* with ketchup.
And two with mayonnaise.
And three sausages with mustard.

What vegetables do you have?
Do you have beans?
Do you have cauliflower?

I like to eat (sweet) corn.
I like to eat cucumber.
I like to eat tomatoes.

Do you also like to eat leek?
Do you also like to eat sauerkraut?
Do you also like to eat lentils?

Do you also like to eat carrots?
Do you also like to eat broccoli?
Do you also like to eat peppers?

I don't like onions.
I don't like olives.
I don't like mushrooms.

32 [trettiotvå]

På restaurangen 4

En pommes frites med ketchup.
Och två med majonnäs.
Och tre stekta korvar med senap.

Vad har ni för grönsaker?
Har ni bönor?
Har ni blomkål?

Jag äter gärna majs.
Jag äter gärna gurka.
Jag äter gärna tomater.

Äter ni också gärna purjolök?
Äter ni också gärna surkål?
Äter ni också gärna linser?

Äter du också gärna morötter?
Äter du också gärna broccoli?
Äter du också gärna paprika?

Jag tycker inte om lök.
Jag tycker inte om oliver.
Jag tycker inte om svamp.

33 [thirty-three]

At the train station

33 [trettiotre]

På stationen

When is the next train to Berlin?	När går nästa tåg till Berlin?
When is the next train to Paris?	När går nästa tåg till Paris?
When is the next train to London?	När går nästa tåg till London?
When does the train for Warsaw leave?	När går tåget till Warszawa?
When does the train for Stockholm leave?	När går tåget till Stockholm?
When does the train for Budapest leave?	När går tåget till Budapest?
I'd like a ticket to Madrid.	Jag skulle vilja ha en biljett till Madrid.
I'd like a ticket to Prague.	Jag skulle vilja ha en biljett till Prag.
I'd like a ticket to Bern.	Jag skulle vilja ha en biljett till Bern.
When does the train arrive in Vienna?	När kommer tåget fram till Wien?
When does the train arrive in Moscow?	När kommer tåget fram till Moskva?
When does the train arrive in Amsterdam?	När kommer tåget fram till Amsterdam?
Do I have to change trains?	Måste jag byta tåg?
From which platform does the train leave?	Från vilket spår avgår tåget?
Does the train have sleepers?	Finns det sovvagn i tåget?
I'd like a one-way ticket to Brussels.	Jag vill bara ha en enkel biljett till Bryssel.
I'd like a return ticket to Copenhagen.	Jag skulle vilja ha en returbiljett till Köpenhamn.
What does a berth in the sleeper cost?	Vad kostar en sovvagnsbiljett?

34 [thirty-four]

On the train

34 [trettiofyra]

På tåget

Is that the train to Berlin?	Är det där tåget till Berlin?
When does the train leave?	När avgår tåget?
When does the train arrive in Berlin?	När kommer tåget fram till Berlin?
Excuse me, may I pass?	Ursäkta, kann jag få komma förbi?
I think this is my seat.	Jag tror, att det här är min plats.
I think you're sitting in my seat.	Jag tror, att ni sitter på min plats.
Where is the sleeper?	Var är sovvagnen?
The sleeper is at the end of the train.	Sovvagnen är i slutet av tåget.
And where is the dining car? – At the front.	Och var är restaurangvagnen?- I början.
Can I sleep below?	Kan jag få sova nederst?
Can I sleep in the middle?	Kan jag få sova i mitten?
Can I sleep at the top?	Kan jag få sova överst?
When will we get to the border?	När är vi vid gränsen?
How long does the journey to Berlin take?	Hur lång tid tar resan till Berlin?
Is the train delayed?	Är tåget försenat?
Do you have something to read?	Har ni något att läsa?
Can one get something to eat and to drink here?	Kan man få något att äta och dricka här?
Could you please wake me up at 7 o'clock?	Skulle ni kunna väcka mig klockan 7?

35 [thirty-five]

At the airport

35 [trettiofem]

Vid flygplatsen

I'd like to book a flight to Athens.
Is it a direct flight?
A window seat, non-smoking, please.

Jag skulle vilja boka ett flyg till Aten.
Är det ett direktflyg?
En fönsterplats för icke rökare, tack.

I would like to confirm my reservation.
I would like to cancel my reservation.
I would like to change my reservation.

Jag skulle vilja bekräfta min reservering.
Jag skulle vilja avboka min reservering.
Jag skulle vilja boka om min reservering.

When is the next flight to Rome?
Are there two seats available?
No, we have only one seat available.

När går nästa flyg till Rom?
Finns det två lediga platser kvar?
Nej, vi har bara en ledig plats kvar.

When do we land?
When will we be there?
When does a bus go to the city centre / center *(am.)*?

När landar vi?
När är vi där?
När går bussen till centrum?

Is that your suitcase?
Is that your bag?
Is that your luggage?

Är det er resväska?
Är det er väska?
Är det ert bagage?

How much luggage can I take?
Twenty kilos.
What? Only twenty kilos?

Hur mycket bagage kan jag ta med mig?
Tjugo kilo.
Vad, bara tjugo kilo?

36 [thirty-six]

Public transportation

36 [trettiosex]

Lokaltrafik

Where is the bus stop?	Var är busshållplatsen?
Which bus goes to the city centre / center *(am.)*?	Vilken buss åker till centrum?
Which bus do I have to take?	Vilken linje måste jag ta?
Do I have to change?	Måste jag byta?
Where do I have to change?	Var ska jag byta?
How much does a ticket cost?	Vad kostar en biljett?
How many stops are there before downtown / the city centre?	Hur många hållplatser är det till centrum?
You have to get off here.	Ni måste stiga av här.
You have to get off at the back.	Ni måste stiga av bak.
The next train is in 5 minutes.	Nästa tunnelbanetåg kommer om 5 minuter.
The next tram is in 10 minutes.	Nästa spårvagn kommer om 10 minuter.
The next bus is in 15 minutes.	Nästa buss kommer om 15 minuter.
When is the last train?	När går sista tunnelbanetåget?
When is the last tram?	När går sista spårvagnen?
When is the last bus?	När går sista bussen?
Do you have a ticket?	Har ni en biljett?
A ticket? – No, I don't have one.	En biljett? – Nej, jag har ingen.
Then you have to pay a fine.	Då måste ni betala böter.

37 [thirty-seven]

En route

37 [trettiosju]

På väg

He drives a motorbike.
He rides a bicycle.
He walks.

Han åker med motorcykeln.
Han åker med cykeln.
Han går till fots.

He goes by ship.
He goes by boat.
He swims.

Han åker med fartyget.
Han åker med båten.
Han simmar.

Is it dangerous here?
Is it dangerous to hitchhike alone?
Is it dangerous to go for a walk at night?

Är det farligt här?
Är det farligt att lifta ensam?
Är det farligt att gå ut och gå på nätterna?

We got lost.
We're on the wrong road.
We must turn around.

Vi har kört vilse.
Vi har kommit på fel väg.
Vi måste åka tillbaka.

Where can one park here?
Is there a parking lot here?
How long can one park here?

Var kan man parkera här?
Finns det någon parkeringsplats här?
Hur länge kan man parkera här?

Do you ski?
Do you take the ski lift to the top?
Can one rent skis here?

Åker ni skidor?
Åker ni upp med skidliften?
Kan man låna skidor här?

38 [thirty-eight]

In the taxi

38 [trettioåtta]

I taxin

Please call a taxi.	Var snäll och ring efter en taxi.
What does it cost to go to the station?	Vad kostar det till stationen?
What does it cost to go to the airport?	Vad kostar det till flygplatsen?
Please go straight ahead.	Rakt fram, tack.
Please turn right here.	Sväng till höger här, tack.
Please turn left at the corner.	Sväng till vänster vid hörnet, tack.
I'm in a hurry.	Jag har bråttom.
I have time.	Jag har tid.
Please drive slowly.	Var snäll och kör långsammare.
Please stop here.	Stanna här, tack.
Please wait a moment.	Var snäll och vänta ett ögonblick.
I'll be back immediately.	Jag är snart tillbaka.
Please give me a receipt.	Ge mig ett kvitto, tack.
I have no change.	Jag har inga småpengar.
That is okay, please keep the change.	Det är jämt så, behåll växeln.
Drive me to this address.	Kör mig till den här adressen.
Drive me to my hotel.	Kör mig till mitt hotell.
Drive me to the beach.	Kör mig till stranden.

39 [thirty-nine]

Car breakdown

39 [trettionio]

Motorstopp

Where is the next gas station?	Var är närmaste bensinstation?
I have a flat tyre / tire *(am.)*.	Jag har fått punktering.
Can you change the tyre / tire *(am.)*?	Kan ni byta däck?
I need a few litres /liters *(am.)* of diesel.	Jag behöver ett par liter diesel.
I have no more petrol / gas *(am.)*.	Jag har slut på bensin.
Do you have a petrol can / jerry can / gas can *(am.)*?	Har ni en reservdunk?
Where can I make a call?	Var kan jag ringa?
I need a towing service.	Jag behöver en bärgningsbil.
I'm looking for a garage.	Jag letar efter en verkstad.
An accident has occurred.	Det har hänt en olycka.
Where is the nearest telephone?	Var är närmaste telefon?
Do you have a mobile / cell phone *(am.)* with you?	Har ni en mobil på er?
We need help.	Vi behöver hjälp.
Call a doctor!	Ring efter en läkare!
Call the police!	Ring på polisen!
Your papers, please.	Era papper, tack.
Your licence / license *(am.)*, please.	Ert körkort, tack.
Your registration, please.	Kan jag få se ert registreringsbevis, tack.

40 [forty]

Asking for directions

40 [fyrtio]

Fråga efter vägen

Excuse me!	Ursäkta!
Can you help me?	Kan ni hjälpa mig?
Is there a good restaurant around here?	Var finns en bra restaurang här?
Take a left at the corner.	Gå runt hörnet till vänster.
Then go straight for a while.	Gå sedan en bit rakt fram.
Then go right for a hundred metres / meters *(am.)*.	Gå sedan hundra meter till höger.
You can also take the bus.	Ni kan också ta bussen.
You can also take the tram.	Ni kan också ta spårvagnen.
You can also follow me with your car.	Ni kan också helt enkelt åka efter mig.
How do I get to the football / soccer *(am.)* stadium?	Hur kommer jag till fotbollsstadion?
Cross the bridge!	Gå över bron!
Go through the tunnel!	Åk genom tunneln!
Drive until you reach the third traffic light.	Åk fram till tredje trafikljuset.
Then turn into the first street on your right.	Ta sedan av till höger vid första gatan.
Then drive straight through the next intersection.	Åk sedan rakt fram vid nästa korsning.
Excuse me, how do I get to the airport?	Ursäkta, hur kommer jag till flygplatsen?
It is best if you take the underground / subway *(am.)*.	Det är bäst att ta tunnelbanan.
Simply get out at the last stop.	Åk helt enkelt ända fram till slutstationen.

41 [forty-one]

Where is ... ?

41 [fyrtioett]

Trafikinformation

Where is the tourist information office?	Var är turistbyrån?
Do you have a city map for me?	Har ni en stadskarta åt mig?
Can one reserve a room here?	Kan man reservera ett hotellrum här?
Where is the old city?	Var är gamla stan?
Where is the cathedral?	Var är domkyrkan?
Where is the museum?	Var är muséet?
Where can one buy stamps?	Var kan man köpa frimärken?
Where can one buy flowers?	Var kan man köpa blommor?
Where can one buy tickets?	Var kan man köpa biljetter?
Where is the harbour / harbor *(am.)*?	Var är hamnen?
Where is the market?	Var är marknaden?
Where is the castle?	Var är slottet?
When does the tour begin?	När börjar guidningen?
When does the tour end?	När slutar guidningen?
How long is the tour?	Hur lång tid tar guidningen?
I would like a guide who speaks German.	Jag skulle vilja ha en guide, som talar tyska.
I would like a guide who speaks Italian.	Jag skulle vilja ha en guide, som talar italienska.
I would like a guide who speaks French.	Jag skulle vilja ha en guide, som talar franska.

42 [forty-two]

City tour

42 [fyrtiotvå]

Stadsbesök

Is the market open on Sundays?	Är marknadsplatsen öppen på söndagar?
Is the fair open on Mondays?	Är mässan öppen på måndagar?
Is the exhibition open on Tuesdays?	Är utställningen öppen på tisdagar?
Is the zoo open on Wednesdays?	Är zoot öppet på onsdagar?
Is the museum open on Thursdays?	Är muséet öppet på torsdagar?
Is the gallery open on Fridays?	Är galleriet öppet på fredagar?
Can one take photographs?	Får man fotografera?
Does one have to pay an entrance fee?	Måste man betala inträde?
How much is the entrance fee?	Hur mycket kostar inträdet?
Is there a discount for groups?	Finns det grupprabatt?
Is there a discount for children?	Finns det barnrabatt?
Is there a discount for students?	Finns det studentrabatt?
What building is that?	Vad är det där för en byggnad?
How old is the building?	Hur gammal är byggnaden?
Who built the building?	Vem har byggt byggnaden?
I'm interested in architecture.	Jag intresserar mig för arkitektur.
I'm interested in art.	Jag intresserar mig för konst.
I'm interested in paintings.	Jag intresserar mig för måleri.

43 [forty-three]

At the zoo

The zoo is there.
The giraffes are there.
Where are the bears?

Where are the elephants?
Where are the snakes?
Where are the lions?

I have a camera.
I also have a video camera.
Where can I find a battery?

Where are the penguins?
Where are the kangaroos?
Where are the rhinos?

Where is the toilet / restroom *(am.)*?
There is a café over there.
There is a restaurant over there.

Where are the camels?
Where are the gorillas and the zebras?
Where are the tigers and the crocodiles?

43 [fyrtiotre]

På zoo

Där är zoot.
Där är girafferna.
Var är björnarna?

Var är elefanterna?
Var är ormarna?
Var är lejonen?

Jag har en kamera.
Jag har också en filmkamera.
Var finns ett batteri?

Var är pingvinerna?
Var finns kängururna?
Var är noshörningarna?

Var finns en toalett?
Där är ett kafé.
Där är en restaurang.

Var är kamelerna?
Var är gorillorna och sebrorna?
Var är tigrarna och krokodilerna?

44 [forty-four]

Going out in the evening

44 [fyrtiofyra]

Gå ut på kvällen

Is there a disco here?
Is there a nightclub here?
Is there a pub here?

Finns det ett diskotek här?
Finns det en nattklubb här?
Finns det en pub här?

What's playing at the theatre / theater *(am.)* this evening?
What's playing at the cinema / movies *(am.)* this evening?
What's on TV this evening?

Vad visas på teatern i kväll?
Vad går det för film på bio i kväll?
Vad blir det på tv i kväll?

Are tickets for the theatre / theater *(am.)* still available?
Are tickets for the cinema / movies *(am.)* still available?
Are tickets for the football / soccer *am.* game still available?

Finns det teaterbiljetter kvar?
Finns det biobiljetter kvar?
Finns det biljetter kvar till fotbollsmatchen?

I want to sit in the back.
I want to sit somewhere in the middle.
I want to sit at the front.

Jag vill sitta längst bak.
Jag vill sitta någonstans i mitten.
Jag vill sitta längst fram.

Could you recommend something?
When does the show begin?
Can you get me a ticket?

Kan ni rekommendera mig något?
När börjar föreställningen?
Kan ni skaffa mig en biljett?

Is there a golf course nearby?
Is there a tennis court nearby?
Is there an indoor swimming pool nearby?

Finns det någon golfbana här i närheten?
Finns det någon tennisbana i närheten?
Finns det någon simhall här i närheten?

45 [forty-five]

At the cinema

45 [fyrtiofem]

På bio

We want to go to the cinema.	Vi ska gå på bio.
A good film is playing today.	I kväll går det en bra film.
The film is brand new.	Filmen är helt ny.
Where is the cash register?	Var är kassan?
Are seats still available?	Finns det några lediga platser kvar?
How much are the admission tickets?	Vad kostar inträdesbiljetterna?
When does the show begin?	När börjar föreställningen?
How long is the film?	Hur länge varar filmen?
Can one reserve tickets?	Kan man reservera biljetter?
I want to sit at the back.	Jag vill sitta bak.
I want to sit at the front.	Jag vill sitta fram.
I want to sit in the middle.	Jag vill sitta i mitten.
The film was exciting.	Filmen var spännande.
The film was not boring.	Filmen var inte långtråkig.
But the book on which the film was based was better.	Men boken som filmen bygger på var bättre.
How was the music?	Hur var musiken?
How were the actors?	Hur var skådespelarna?
Were there English subtitles?	Var det textat på engelska?

46 [forty-six]

In the discotheque

46 [fyrtiosex]

På diskoteket

Is this seat taken?   Är den här platsen ledig?
May I sit with you?   Får jag sätta mig hos er?
Sure.   Gärna.

How do you like the music?   Vad tycker ni om musiken?
A little too loud.   Litet för högljudd.
But the band plays very well.   Men bandet spelar väldigt bra.

Do you come here often?   Är ni ofta här?
No, this is the first time.   Nej, det är första gången.
I've never been here before.   Jag har aldrig varit här förut.

Would you like to dance?   Dansar ni?
Maybe later.   Senare kanske.
I can't dance very well.   Jag kan inte dansa så bra.

It's very easy.   Det är mycket enkelt.
I'll show you.   Jag ska visa er.
No, maybe some other time.   Nej, hellre en annan gång.

Are you waiting for someone?   Väntar ni på någon?
Yes, for my boyfriend.   Ja, på min vän.
There he is!   Där borta kommer han ju!

47 [forty-seven]

Preparing a trip

47 [fyrtiosju]

Reseförberedelser

You have to pack our suitcase!	Du måste packa vår resväska!
Don't forget anything!	Du får inte glömma något!
You need a big suitcase!	Du behöver en stor resväska!
Don't forget your passport!	Glöm inte passet!
Don't forget your ticket!	Glöm inte flygbiljetten!
Don't forget your traveller's cheques / traveler's checks (am.)!	Glöm inte resecheckarna!
Take some suntan lotion with you.	Ta med solkräm.
Take the sun-glasses with you.	Ta med solglasögonen.
Take the sun hat with you.	Ta med solhatten.
Do you want to take a road map?	Vill du ta med en stadskarta?
Do you want to take a travel guide?	Vill du ta med en resehandbok?
Do you want to take an umbrella?	Vill du ta med ett paraply?
Remember to take pants, shirts and socks.	Kom ihåg byxorna, skjortorna, sockorna.
Remember to take ties, belts and sports jackets.	Kom ihåg slipsarna, bältena, kavajerna.
Remember to take pyjamas, nightgowns and t-shirts.	Kom ihåg pyjamasarna, nattlinnena och T-shirtarna.
You need shoes, sandals and boots.	Du behöver skor, sandaler och stövlar.
You need handkerchiefs, soap and a nail clipper.	Du behöver näsdukar, tvål och en nagelsax.
You need a comb, a toothbrush and toothpaste.	Du behöver en kam, en tandborste och tandkräm.

48 [forty-eight]

Vacation activities

48 [fyrtiåtta]

Semesteraktiviteter

Is the beach clean?	Är stranden ren?
Can one swim there?	Kan man bada där?
Isn't it dangerous to swim there?	Är det inte farligt att bada där?
Can one rent a sun umbrella / parasol here?	Kan man låna ett parasoll här?
Can one rent a deck chair here?	Kan man låna en solstol här?
Can one rent a boat here?	Kan man låna en båt här?
I would like to surf.	Jag skulle gärna vilja surfa.
I would like to dive.	Jag skulle gärna vilja dyka.
I would like to water ski.	Jag skulle gärna vilja åka vattenskidor.
Can one rent a surfboard?	Kan man hyra en surfbräda?
Can one rent diving equipment?	Kan man hyra en dykarutrustning?
Can one rent water skis?	Kan man hyra vattenskidor?
I'm only a beginner.	Jag är bara nybörjare.
I'm moderately good.	Jag är medelbra.
I'm pretty good at it.	Jag vet hur det går till.
Where is the ski lift?	Var är skidliften?
Do you have skis?	Har du skidor med dig?
Do you have ski boots?	Har du pjäxor med dig?

49 [forty-nine]

Sports

49 [fyrtionio]

Sport

Do you exercise?	Utövar du sport?
Yes, I need some exercise.	Ja, jag måste röra på mig.
I am a member of a sports club.	Jag är med i en idrottsförening.
We play football / soccer *(am.)*.	Vi spelar fotboll.
We swim sometimes.	Ibland simmar vi.
Or we cycle.	Eller så cyklar vi.
There is a football / soccer *(am.)* stadium in our city.	I vår stad finns en fotbollsstadion.
There is also a swimming pool with a sauna.	Det finns även simhall med bastu.
And there is a golf course.	Och det finns en golfbana.
What is on TV?	Vad blir det på TV?
There is a football / soccer *(am.)* match on now.	Just nu är det en fotbollsmatch.
The German team is playing against the English one.	Det tyska laget spelar mot det engelska.
Who is winning?	Vem vinner?
I have no idea.	Jag har ingen aning.
It is currently a tie.	Just nu står det oavgjort.
The referee is from Belgium.	Domaren kommer från Belgien.
Now there is a penalty.	Nu blir det straffspark.
Goal! One – zero!	Mål! Ett noll!

50 [fifty]

In the swimming pool

50 [femtio]

I simhallen

It is hot today.	Idag är det hett.
Shall we go to the swimming pool?	Ska vi gå till simhallen?
Do you feel like swimming?	Har du lust att gå och simma?
Do you have a towel?	Har du en handduk?
Do you have swimming trunks?	Har du badbyxor?
Do you have a bathing suit?	Har du en baddräkt?
Can you swim?	Kan du simma?
Can you dive?	Kan du dyka?
Can you jump in the water?	Kan du hoppa i vattnet?
Where is the shower?	Var är duschen?
Where is the changing room?	Var är omklädningshytterna?
Where are the swimming goggles?	Var är simglasögonen?
Is the water deep?	Är vattnet djupt?
Is the water clean?	Är vattnet rent?
Is the water warm?	Är vattnet varmt?
I am freezing.	Jag fryser.
The water is too cold.	Vattnet är för kallt.
I am getting out of the water now.	Jag går upp ur vattnet nu.

51 [fifty-one]

Running errands

51 [femtioett]

Uträtta ärenden

I want to go to the library.	Jag vill gå till biblioteket.
I want to go to the bookstore.	Jag vill gå till bokhandeln.
I want to go to the newspaper stand.	Jag vill gå till kiosken.
I want to borrow a book.	Jag vill låna en bok.
I want to buy a book.	Jag vill köpa en bok.
I want to buy a newspaper.	Jag vill köpa en tidning.
I want to go to the library to borrow a book.	Jag vill gå till bibloteket, för att låna en bok.
I want to go to the bookstore to buy a book.	Jag vill gå till bokhandeln, för att köpa en bok.
I want to go to the kiosk / newspaper stand to buy a newspaper.	Jag vill gå till kiosken, för att köpa en tidning.
I want to go to the optician.	Jag vill gå till optikern.
I want to go to the supermarket.	Jag vill gå till stormarknaden.
I want to go to the bakery.	Jag vill gå till bageriet.
I want to buy some glasses.	Jag vill köpa glasögon.
I want to buy fruit and vegetables.	Jag vill köpa frukt och grönsaker.
I want to buy rolls and bread.	Jag vill köpa småfranska och bröd.
I want to go to the optician to buy glasses.	Jag vill gå till optikern, för att köpa glasögon.
I want to go to the supermarket to buy fruit and vegetables.	Jag vill åka till stormarknaden, för att köpa frukt och grönsaker.
I want to go to the baker to buy rolls and bread.	Jag vill gå till bageriet, för att köpa småfranska och bröd.

52 [fifty-two]

In the department store

52 [femtiotvå]

I varuhuset

Shall we go to the department store?	Ska vi gå till ett varuhus?
I have to go shopping.	Jag måste handla.
I want to do a lot of shopping.	Jag vill handla mycket.
Where are the office supplies?	Var finns kontorsartiklar?
I need envelopes and stationery.	Jag behöver kuvert och brevpapper.
I need pens and markers.	Jag behöver kulspetspennor och tuschpennor.
Where is the furniture?	Var är möblerna?
I need a cupboard and a chest of drawers.	Jag behöver ett skåp och en byrå.
I need a desk and a bookshelf.	Jag behöver ett skrivbord och en hylla.
Where are the toys?	Var är leksakerna?
I need a doll and a teddy bear.	Jag behöver en docka och en teddybjörn.
I need a football and a chess board.	Jag behöver en fotboll och ett schackspel.
Where are the tools?	Var är verktygen?
I need a hammer and a pair of pliers.	Jag behöver en hammare och en tång.
I need a drill and a screwdriver.	Jag behöver en borr och en skruvmejsel.
Where is the jewellery / jewelry *(am.)* department?	Var är smyckena?
I need a chain and a bracelet.	Jag behöver en kedja och ett armband.
I need a ring and earrings.	Jag behöver en ring och örhängen.

53 [fifty-three]

Shops

53 [femtiotre]

Affärer

We're looking for a sports shop.	Vi letar efter en sportaffär.
We're looking for a butcher shop.	Vi letar efter en köttaffär.
We're looking for a pharmacy / drugstore *(am.)*.	Vi letar efter ett apotek.
We want to buy a football.	Vi skulle nämligen vilja köpa en fotboll.
We want to buy salami.	Vi skulle nämligen vilja köpa salami.
We want to buy medicine.	Vi vill nämligen köpa medicin.
We're looking for a sports shop to buy a football.	Vi letar efter en sportaffär, för att köpa en fotboll.
We're looking for a butcher shop to buy salami.	Vi letar efter en köttaffär, för att köpa salami.
We're looking for a drugstore to buy medicine.	Vi letar efter ett apotek, för att köpa medicin.
I'm looking for a jeweller / jeweler *(am.)*.	Jag letar efter en juvelerare.
I'm looking for a photo equipment store.	Jag letar efter en fotoaffär.
I'm looking for a confectionery.	Jag letar efter ett konditori.
I actually plan to buy a ring.	Jag tänker nämligen köpa en ring.
I actually plan to buy a roll of film.	Jag tänker nämligen köpa en film.
I actually plan to buy a cake.	Jag tänker nämligen köpa en tårta.
I'm looking for a jeweler to buy a ring.	Jag letar efter en juvelerare, för att köpa en ring.
I'm looking for a photo shop to buy a roll of film.	Jag letar efter en fotoaffär, för att köpa en film.
I'm looking for a confectionery to buy a cake.	Jag letar efter ett konditori, för att köpa en tårta.

54 [fifty-four]

Shopping

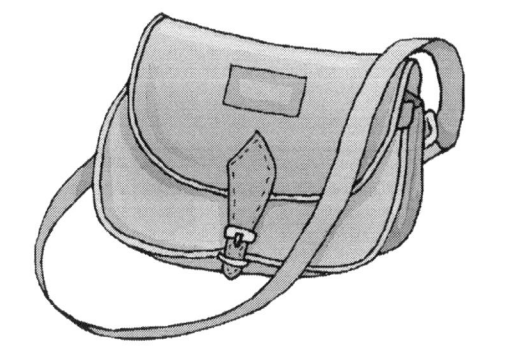

54 [femtiofyra]

Gå och handla

I want to buy a present.	Jag skulle vilja köpa en present.
But nothing too expensive.	Men inget som är för dyrt.
Maybe a handbag?	Kanske en handväska?
Which color would you like?	Vilken färg skulle ni vilja ha?
Black, brown or white?	Svart, brun eller vit?
A large one or a small one?	En stor eller en liten?
May I see this one, please?	Får jag se på den där?
Is it made of leather?	Är den av läder?
Or is it made of plastic?	Eller är den av konstläder?
Of leather, of course.	Av läder naturligtvis.
This is very good quality.	Det är en särskilt bra kvalitet.
And the bag is really very reasonable.	Och handväskan är verkligen mycket prisvärd.
I like it.	Jag tycker om den.
I'll take it.	Jag tar den.
Can I exchange it if needed?	Kan jag eventuellt byta den?
Of course.	Självklart.
We'll gift wrap it.	Vi slår in den som present.
The cashier is over there.	Där borta är kassan.

55 [fifty-five]

Working

55 [femtiofem]

Arbeta

What do you do for a living?	Vad har ni för yrke?
My husband is a doctor.	Min man är läkare till yrket.
I work as a nurse part-time.	Jag arbetar deltid som sjuksköterska.
We will soon receive our pension.	Snart får vi pension.
But taxes are high.	Men skatterna är höga.
And health insurance is expensive.	Och sjukförsäkringen är hög.
What would you like to become some day?	Vad vill du bli?
I would like to become an engineer.	Jag vill bli ingenjör.
I want to go to college.	Jag vill studera på universitet.
I am an intern.	Jag är praktikant.
I do not earn much.	Jag tjänar inte mycket.
I am doing an internship abroad.	Jag praktiserar utomlands.
That is my boss.	Det där är min chef.
I have nice colleagues.	Jag har trevliga kollegor.
We always go to the cafeteria at noon.	Vid lunchtid går vi alltid till personalrestaurangen.
I am looking for a job.	Jag söker en anställning.
I have already been unemployed for a year.	Jag har varit arbetslös i ett år.
There are too many unemployed people in this country.	I det här landet finns det allt för många arbetslösa.

56 [fifty-six]

Feelings

56 [femtiosex]

Känslor

to feel like / want to	Ha lust.
We feel like / want to.	Vi har lust.
We don't feel like / want to.	Vi har ingen lust.
to be afraid	Vara rädd
I'm afraid.	Jag är rädd.
I am not afraid.	Jag är inte rädd.
to have time	Ha tid
He has time.	Han har tid.
He has no time.	Han har inte tid.
to be bored	Ha långtråkigt
She is bored.	Hon har långtråkigt.
She is not bored.	Hon har inte långtråkigt.
to be hungry	Vara hungrig
Are you hungry?	Är ni hungriga?
Aren't you hungry?	Är ni inte hungriga?
to be thirsty	Vara törstig
They are thirsty.	De är törstiga.
They are not thirsty.	De är inte törstiga.

57 [fifty-seven]

At the doctor

57 [femtiosju]

Hos läkaren

I have a doctor's appointment.	Jag har en läkartid.
I have the appointment at ten o'clock.	Jag har en läkartid klockan tio.
What is your name?	Hur var namnet?
Please take a seat in the waiting room.	Var så god och ta plats i väntrummet.
The doctor is on his way.	Doktorn kommer snart.
What insurance company do you belong to?	Var är ni försäkrad?
What can I do for you?	Vad kan jag göra för er?
Do you have any pain?	Har ni smärtor?
Where does it hurt?	Var gör det ont?
I always have back pain.	Jag har alltid ont i ryggen.
I often have headaches.	Jag har ofta huvudvärk.
I sometimes have stomach aches.	Jag har ont i magen ibland.
Remove your top!	Ta av er på överkroppen, tack!
Lie down on the examining table.	Var snäll och lägg er på britsen!
Your blood pressure is okay.	Blodtrycket är normalt.
I will give you an injection.	Jag ger er en spruta.
I will give you some pills.	Jag ger er tabletter.
I am giving you a prescription for the pharmacy.	Jag ger er ett recept för apoteket.

58 [fifty-eight]

Parts of the body

58 [femtioåtta]

Kroppsdelar

I am drawing a man.	Jag ritar en man.
First the head.	Först huvudet.
The man is wearing a hat.	Mannen bär en hatt.
One cannot see the hair.	Håret ser man inte.
One cannot see the ears either.	Öronen ser man inte heller.
One cannot see his back either.	Ryggen ser man inte heller.
I am drawing the eyes and the mouth.	Jag ritar ögonen och munnen.
The man is dancing and laughing.	Mannen dansar och skrattar.
The man has a long nose.	Mannen har en lång näsa.
He is carrying a cane in his hands.	Han har en käpp i handen.
He is also wearing a scarf around his neck.	Han har också en sjal runt halsen.
It is winter and it is cold.	Det är vinter och det är kallt.
The arms are athletic.	Armarna är kraftiga.
The legs are also athletic.	Benen är också kraftiga.
The man is made of snow.	Mannen är av snö.
He is neither wearing pants nor a coat.	Han har inga byxor och ingen överrock.
But the man is not freezing.	Men mannen fryser inte.
He is a snowman.	Han är en snögubbe.

59 [fifty-nine]

At the post office

59 [femtionio]

På posten

Where is the nearest post office?
Is the post office far from here?
Where is the nearest mail box?

Var är närmaste postkontor?
Är det långt till närmaste post?
Var är närmaste brevlåda?

I need a couple of stamps.
For a card and a letter.
How much is the postage to America?

Jag behöver ett par frimärken.
För ett kort och ett brev.
Hur dyrt är portot till Amerika?

How heavy is the package?
Can I send it by air mail?
How long will it take to get there?

Hur tungt är paketet?
Kan jag skicka det med flygpost?
Hur länge dröjer det, tills det kommer fram?

Where can I make a call?
Where is the nearest telephone booth?
Do you have calling cards?

Var kan jag ringa?
Var finns närmaste telefonkiosk?
Har ni telefonkort?

Do you have a telephone directory?
Do you know the area code for Austria?
One moment, I'll look it up.

Har ni en telefonkatalog?
Vet ni landsnumret till Österrike?
Ett ögonblick, jag ska se efter.

The line is always busy.
Which number did you dial?
You have to dial a zero first!

Linjen är alltid upptagen.
Vilket nummer har ni valt?
Ni måste först slå en nolla!

60 [sixty]

At the bank

60 [sextio]

På banken

I would like to open an account.	Jag skulle vilja öppna ett konto.
Here is my passport.	Här är mitt pass.
And here is my address.	Och här är min adress.
I want to deposit money in my account.	Jag skulle vilja sätta in pengar på mitt konto.
I want to withdraw money from my account.	Jag skulle vilja ta ut pengar från mitt konto.
I want to pick up the bank statements.	Jag skulle vilja hämta kontoutdragen.
I want to cash a traveller's cheque / traveler's check *(am.)*.	Jag skulle vilja lösa in en resecheck.
What are the fees?	Hur höga är avgifterna?
Where should I sign?	Var ska jag skriva under?
I'm expecting a transfer from Germany.	Jag väntar på en girering från Tyskland.
Here is my account number.	Här är mitt kontonummer.
Has the money arrived?	Har pengarna kommit?
I want to change money.	Jag skulle vilja växla de här pengarna.
I need US-Dollars.	Jag behöver US-dollar.
Could you please give me small notes / bills *(am.)*?	Var snäll och ge mig små sedlar.
Is there a cashpoint / an ATM *(am.)*?	Finns det någon bankomat här?
How much money can one withdraw?	Hur mycket pengar får man ta ut?
Which credit cards can one use?	Vilka kontokort kan man använda?

61 [sixty-one]

Ordinal numbers

61 [sextioett]

Ordningstal

The first month is January.	Den första månaden är januari.
The second month is February.	Den andra månaden är februari.
The third month is March.	Den tredje månaden är mars.
The fourth month is April.	Den fjärde månaden är april.
The fifth month is May.	Den femte månaden är maj.
The sixth month is June.	Den sjätte månaden är juni.
Six months make half a year.	Sex månader är ett halvår.
January, February, March,	Januari, februari, mars,
April, May and June.	april, maj och juni.
The seventh month is July.	Den sjunde månaden är juli.
The eighth month is August.	Den åttonde månaden är augusti.
The ninth month is September.	Den nionde månaden är september.
The tenth month is October.	Den tionde månaden är oktober.
The eleventh month is November.	Den elfte månaden är november.
The twelfth month is December.	Den tolfte månaden är december.
Twelve months make a year.	Tolv månader är ett år.
July, August, September,	Juli, augusti, september,
October, November and December.	oktober, november och december.

62 [sixty-two]

Asking questions 1

62 [sextiotvå]

Ställa frågor 1

to learn
Do the students learn a lot?
No, they learn a little.

lära
Lär sig eleverna mycket?
Nej, de lär sig lite.

to ask
Do you often ask the teacher questions?
No, I don't ask him questions often.

fråga
Frågar ni ofta läraren?
Nej, jag frågar honom inte ofta.

to reply
Please reply.
I reply.

svara
Var snäll och svara.
Jag svarar.

to work
Is he working right now?
Yes, he is working right now.

arbeta
Arbetar han just nu?
Ja, han abetar just nu.

to come
Are you coming?
Yes, we are coming soon.

komma
Kommer ni?
Ja, vi kommer snart.

to live
Do you live in Berlin?
Yes, I live in Berlin.

bo
Bor ni i Berlin?
Ja, jag bor i Berlin.

63 [sixty-three]

Asking questions 2

I have a hobby.
I play tennis.
Where is the tennis court?

Do you have a hobby?
I play football / soccer *(am.)*.
Where is the football / soccer *(am.)* field?

My arm hurts.
My foot and hand also hurt.
Is there a doctor?

I have a car/automobile.
I also have a motorcycle.
Where could I park?

I have a sweater.
I also have a jacket and a pair of jeans.
Where is the washing machine?

I have a plate.
I have a knife, a fork and a spoon.
Where is the salt and pepper?

63 [sextiotre]

Ställa frågor 2

Jag har en hobby.
Jag spelar tennis.
Var finns en tennisbana?

Har du en hobby?
Jag spelar fotboll.
Var finns en fotbollsplan?

Min arm gör ont.
Min fot och min hand gör också ont.
Var finns en läkare?

Jag har en bil.
Jag har också en motorcykel.
Var finns en parkeringsplats?

Jag har en pullover.
Jag har också en jacka och ett par jeans.
Var är tvättmaskinen?

Jag har en tallrik.
Jag har en kniv, en gaffel och en sked.
Var finns salt och peppar?

64 [sixty-four]

Negation 1

64 [sextiofyra]

Negation 1

I don't understand the word.
I don't understand the sentence.
I don't understand the meaning.

Jag förstår inte ordet.
Jag förstår inte meningen.
Jag förstår inte betydelsen.

the teacher
Do you understand the teacher?
Yes, I understand him well.

Läraren
Förstår ni läraren?
Ja, jag förstår honom bra.

the teacher
Do you understand the teacher?
Yes, I understand her well.

Lärarinnan
Förstår ni lärarinnan?
Ja, jag förstår henne bra.

the people
Do you understand the people?
No, I don't understand them so well.

Folk
Förstår ni folk?
Nej, jag förstår dem inte så bra.

the girlfriend
Do you have a girlfriend?
Yes, I do.

Väninnan
Har ni en väninna?
Ja, jag har en.

the daughter
Do you have a daughter?
No, I don't.

Dottern
Har ni en dotter?
Nej, jag har ingen.

65 [sixty-five]

Negation 2

Is the ring expensive?
No, it costs only one hundred Euros.
But I have only fifty.

Are you finished?
No, not yet.
But I'll be finished soon.

Do you want some more soup?
No, I don't want anymore.
But another ice cream.

Have you lived here long?
No, only for a month.
But I already know a lot of people.

Are you driving home tomorrow?
No, only on the weekend.
But I will be back on Sunday.

Is your daughter an adult?
No, she is only seventeen.
But she already has a boyfriend.

65 [sextiofem]

Negation 2

Är ringen dyr?
Nej, den kostar bara hundra euro.
Men jag har bara femtio.

Är du redan färdig?
Nej, inte ännu.
Men snart är jag färdig.

Vill du ha mer soppa?
Nej, jag vill inte ha mer.
Men en glass till.

Har du bott här länge?
Nej, bara en månad.
Men jag känner redan mycket folk.

Åker du hem imorgon?
Nej, först mot veckoslutet.
Men jag kommer tillbaka redan på söndag.

Är din dotter redan vuxen?
Nej, hon är bara sjutton år.
Men hon har redan en pojkvän.

66 [sixty-six]

Possessive pronouns 1

I – my
I can't find my key.
I can't find my ticket.

you – your
Have you found your key?
Have you found your ticket?

he – his
Do you know where his key is?
Do you know where his ticket is?

she – her
Her money is gone.
And her credit card is also gone.

we – our
Our grandfather is ill.
Our grandmother is healthy.

you – your
Children, where is your father?
Children, where is your mother?

66 [sextiosex]

Possessiva pronomen 1

jag – min
Jag hittar inte min nyckel.
Jag hittar inte min biljett.

du – din
Har du hittat din nyckel?
Har du hittat din biljett?

han – sin
Vet du, var hans nyckel är?
Vet du, var hans biljett är?

hon – hennes
Hennes pengar är borta.
Och hennes kontokort är också borta.

vi – vår
Vår morfar/farfar är sjuk.
Vår mormor/farmor är frisk.

ni – er
Barn, var är er pappa?
Barn, var är er mamma?

67 [sixty-seven]

Possessive pronouns 2

67 [sextiosju]

Possessiva pronomen 2

the glasses
He has forgotten his glasses.
Where has he left his glasses?

Glasögonen
Han har glömt sina glasögon.
Var har han sina glasögon då?

the clock
His clock isn't working.
The clock hangs on the wall.

Klockan
Hans klocka är sönder.
Klockan hänger på väggen.

the passport
He has lost his passport.
Where is his passport then?

Passet
Han har förlorat sitt pass.
Var har han sitt pass då?

they – their
The children cannot find their parents.
Here come their parents!

de – deras, sina
Barnen kan inte hitta sina föräldrar.
Men där kommer ju deras föräldrar!

you – your
How was your trip, Mr. Miller?
Where is your wife, Mr. Miller?

Ni – Er
Hur var er resa, herr Müller?
Var är er fru, herr Müller?

you – your
How was your trip, Mrs. Smith?
Where is your husband, Mrs. Smith?

Ni – Er
Hur var er resa, fru Schmidt?
Var är er man, fru Schmidt?

68 [sixty-eight]

big – small

68 [(sextioåtta]

stor – liten

big and small
The elephant is big.
The mouse is small.

stor och liten
Elefanten är stor.
Musen är liten.

dark and bright
The night is dark.
The day is bright.

Mörk och ljus
Natten är mörk.
Dagen är ljus.

old and young
Our grandfather is very old.
70 years ago he was still young.

gammal och ung
Vår farfar/morfar är mycket gammal.
För 70 år sedan var han ännu ung.

beautiful and ugly
The butterfly is beautiful.
The spider is ugly.

vacker och ful
Fjärilen är vacker.
Spindeln är ful.

fat and thin
A woman who weighs a hundred kilos is fat.
A man who weighs fifty kilos is thin.

tjock och smal
En kvinna på 100 kg är tjock.
En man på 50 kg är smal.

expensive and cheap
The car is expensive.
The newspaper is cheap.

dyr och billig
Bilen är dyr.
Tidningen är billig.

69 [sixty-nine]

to need – to want to

69 [sextionio]

behöva – vilja

I need a bed.	Jag behöver en säng.
I want to sleep.	Jag vill sova.
Is there a bed here?	Finns det en säng här?
I need a lamp.	Jag behöver en lampa.
I want to read.	Jag vill läsa.
Is there a lamp here?	Finns det en lampa här?
I need a telephone.	Jag behöver en telefon.
I want to make a call.	Jag vill ringa.
Is there a telephone here?	Finns det en telefon här?
I need a camera.	Jag behöver en kamera.
I want to take photographs.	Jag vill fotografera.
Is there a camera here?	Finns det en kamera här?
I need a computer.	Jag behöver en dator.
I want to send an email.	Jag vill skicka ett e-mail.
Is there a computer here?	Finns det en dator här?
I need a pen.	Jag behöver en kulspetspenna.
I want to write something.	Jag vill skriva något.
Is there a sheet of paper and a pen here?	Finns det ett papper och en kulspetspenna här?

70 [seventy]

to like something

70 [sjuttio]

Vilja ha något

Would you like to smoke?
Would you like to dance?
Would you like to go for a walk?

Vill ni röka?
Vill ni dansa?
Vill ni gå ut och gå?

I would like to smoke.
Would you like a cigarette?
He wants a light.

Jag skulle vilja röka.
Vill du ha en cigarett?
Han vill ha eld.

I want to drink something.
I want to eat something.
I want to relax a little.

Jag skulle vilja ha något att dricka.
Jag skulle vilja äta något.
Jag skulle vilja vila mig lite.

I want to ask you something.
I want to ask you for something.
I want to treat you to something.

Jag skulle vilja fråga er något.
Jag skulle vilja be er om något.
Jag skulle vilja bjuda in er på något.

What would you like?
Would you like a coffee?
Or do you prefer a tea?

Vad vill ni ha?
Vill ni ha en kaffe?
Eller skulle ni hellre vilja ha en te?

We want to drive home.
Do you want a taxi?
They want to make a call.

Vi skulle vilja åka hem.
Vill ni ha en taxi?
De vill ringa.

71 [seventy-one]

to want something

71 [sjuttioett]

Vilja något

What do you want to do?	Vad vill ni?
Do you want to play football / soccer *(am.)*?	Vill ni spela fotboll?
Do you want to visit friends?	Vill ni besöka vänner?
to want	vilja
I don't want to arrive late.	Jag vill inte komma för sent.
I don't want to go there.	Jag vill inte gå dit.
I want to go home.	Jag vill gå hem.
I want to stay at home.	Jag vill stanna hemma.
I want to be alone.	Jag vill vara ensam.
Do you want to stay here?	Vill du stanna här?
Do you want to eat here?	Vill du äta här?
Do you want to sleep here?	Vill du sova här?
Do you want to leave tomorrow?	Ska ni åka iväg imorgon?
Do you want to stay till tomorrow?	Vill ni stanna till imorgon?
Do you want to pay the bill only tomorrow?	Vill ni betala räkningen först imorgon?
Do you want to go to the disco?	Vill ni gå på diskotek?
Do you want to go to the cinema?	Vill ni gå på bio?
Do you want to go to a café?	Vill ni gå på kafé?

72 [seventy-two]

to have to do something / must

72 [sjuttiotvå]

Måste något

must	måste
I must post the letter.	Jag måste skicka iväg brevet.
I must pay the hotel.	Jag måste betala hotellet.

You must get up early.	Du måste gå upp tidigt.
You must work a lot.	Du måste arbeta mycket.
You must be punctual.	Du måste vara punktlig.

He must fuel / get petrol / get gas *(am.)*.	Han måste tanka.
He must repair the car.	Han måste reparera bilen.
He must wash the car.	Han måste tvätta bilen.

She must shop.	Hon måste handla.
She must clean the apartment.	Hon måste städa lägenheten.
She must wash the clothes.	Hon måste tvätta tvätten.

We must go to school at once.	Vi måste snart gå till skolan.
We must go to work at once.	Vi måste snart gå till arbetet.
We must go to the doctor at once.	Vi måste snart gå till läkaren.

You must wait for the bus.	Ni måste vänta på bussen.
You must wait for the train.	Ni måste vänta på tåget.
You must wait for the taxi.	Ni måste vänta på taxin.

73 [seventy-three]

to be allowed to

73 [sjuttiotre]

Få något

Are you already allowed to drive?	Får du redan köra bil?
Are you already allowed to drink alcohol?	Får du redan dricka alkohol?
Are you already allowed to travel abroad alone?	Får du redan åka ensam utomlands?
may / to be allowed	få
May we smoke here?	Får vi röka här?
Is smoking allowed here?	Får man röka här?
May one pay by credit card?	Får man betala med kontokort?
May one pay by cheque / check *(am.)*?	Får man betala med check?
May one only pay in cash?	Får man bara betala kontant?
May I just make a call?	Kan jag få ringa här?
May I just ask something?	Får jag bara fråga om något?
May I just say something?	Får jag bara säga något?
He is not allowed to sleep in the park.	Han får inte sova i parken.
He is not allowed to sleep in the car.	Han får inte sova i bilen.
He is not allowed to sleep at the train station.	Han får inte sova på stationen.
May we take a seat?	Får vi ta plats?
May we have the menu?	Kan vi få menyn?
May we pay separately?	Får vi betala var för sig?

74 [seventy-four]

Asking for something

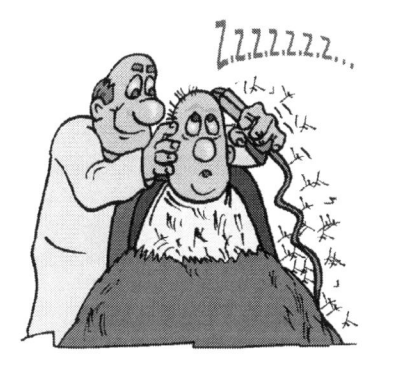

74 [sjuttiofyra]

Be om något

Can you cut my hair?	Kan ni klippa mitt hår?
Not too short, please.	Inte för kort, tack.
A bit shorter, please.	Litet kortare, tack.
Can you develop the pictures?	Kan ni framkalla bilderna?
The pictures are on the CD.	Fotona är på cd:n.
The pictures are in the camera.	Fotona är i kameran.
Can you fix the clock?	Kan ni reparera klockan?
The glass is broken.	Glaset är sönder.
The battery is dead / empty.	Batteriet är slut.
Can you iron the shirt?	Kan ni stryka skjortan?
Can you clean the pants?	Kan ni göra rent byxorna?
Can you fix the shoes?	Kan ni reparera skorna?
Do you have a light?	Kan ni ge mig eld?
Do you have a match or a lighter?	Har ni tändstickor eller en tändare?
Do you have an ashtray?	Har ni en askkopp?
Do you smoke cigars?	Röker ni cigarr?
Do you smoke cigarettes?	Röker ni cigaretter?
Do you smoke a pipe?	Röker ni pipa?

75 [seventy-five]

Giving reasons 1

75 [sjuttiofem]

Motivera något 1

Why aren't you coming?
The weather is so bad.
I am not coming because the weather is so bad.

Varför kommer ni inte?
Vädret är så dåligt.
Jag kommer inte, eftersom vädret är så dåligt.

Why isn't he coming?
He isn't invited.
He isn't coming because he isn't invited.

Varför kommer han inte?
Han är inte inbjuden.
Han kommer inte, eftersom han inte är bjuden.

Why aren't you coming?
I have no time.
I am not coming because I have no time.

Varför kommer du inte?
Jag har inte tid.
Jag kommer inte, eftersom jag inte har tid.

Why don't you stay?
I still have to work.
I am not staying because I still have to work.

Varför stannar du inte?
Jag måste arbeta.
Jag stannar inte, eftersom jag måste arbeta.

Why are you going already?
I am tired.
I'm going because I'm tired.

Varför går ni redan?
Jag är trött.
Jag går, eftersom jag är trött.

Why are you going already?
It is already late.
I'm going because it is already late.

Varför åker ni redan?
Det är redan sent.
Jag åker, för att det redan är sent.

76 [seventy-six]

Giving reasons 2

76 [sjuttiosex]

Motivera något 2

Why didn't you come?
I was ill.
I didn't come because I was ill.

Varför kom du inte?
Jag var sjuk.
Jag kom inte, för jag var sjuk.

Why didn't she come?
She was tired.
She didn't come because she was tired.

Varför kom hon inte?
Hon var trött.
Hon kom inte, för hon var trött.

Why didn't he come?
He wasn't interested.
He didn't come because he wasn't interested.

Varför kom han inte?
Han hade ingen lust.
Han kom inte, eftersom han inte hade lust.

Why didn't you come?
Our car is damaged.
We didn't come because our car is damaged.

Varför kom ni inte?
Vår bil är trasig.
Vi kom inte, eftersom vår bil är trasig.

Why didn't the people come?
They missed the train.
They didn't come because they missed the train.

Varför kom inte människorna?
De missade tåget.
De kom inte, för de missade tåget.

Why didn't you come?
I was not allowed to.
I didn't come because I was not allowed to.

Varför kom du inte?
Jag fick inte.
Jag kom inte, för att jag inte fick.

77 [seventy-seven]

Giving reasons 3

77 [sjuttiosju]

Motivera något 3

Why aren't you eating the cake?	Varför äter ni inte tårtan?
I must lose weight.	Jag måste banta.
I'm not eating it because I must lose weight.	Jag äter den inte, för att jag måsta banta.
Why aren't you drinking the beer?	Varför dricker ni inte ölet?
I have to drive.	Jag måste köra.
I'm not drinking it because I have to drive.	Jag dricker det inte, för att jag måste köra.
Why aren't you drinking the coffee?	Varför dricker du inte kaffet?
It is cold.	Det är kallt.
I'm not drinking it because it is cold.	Jag dricker det inte, eftersom det är kallt.
Why aren't you drinking the tea?	Varför dricker du inte teet?
I have no sugar.	Jag har inget socker.
I'm not drinking it because I don't have any sugar.	Jag dricker det inte, för att jag inte har något socker.
Why aren't you eating the soup?	Varför äter ni inte soppan?
I didn't order it.	Jag har inte beställt den.
I'm not eating it because I didn't order it.	Jag äter den inte, eftersom jag inte har beställt den.
Why don't you eat the meat?	Varför äter ni inte köttet?
I am a vegetarian.	Jag är vegetarian.
I'm not eating it because I am a vegetarian.	Jag äter det inte, eftersom jag är vegetarian.

78 [seventy-eight]

Adjectives 1

78 [sjuttioåtta]

Adjektiv 1

an old lady	en gammal kvinna
a fat lady	en tjock kvinna
a curious lady	en nyfiken kvinna
a new car	en ny bil
a fast car	en snabb bil
a comfortable car	en bekväm bil
a blue dress	en blå klänning
a red dress	en röd klänning
a green dress	en grön klänning
a black bag	en svart väska
a brown bag	en brun väska
a white bag	en vit väska
nice people	trevliga människor
polite people	artiga människor
interesting people	intressanta människor
loving children	trevliga barn
cheeky children	elaka barn
well behaved children	snälla barn

79 [seventy-nine]

Adjectives 2

79 [sjuttionio]

Adjektiv 2

I am wearing a blue dress.	Jag har en blå klänning på mig.
I am wearing a red dress.	Jag har en röd klänning på mig.
I am wearing a green dress.	Jag har en grön klänning på mig.
I'm buying a black bag.	Jag köper en svart väska.
I'm buying a brown bag.	Jag köper en brun väska.
I'm buying a white bag.	Jag köper en vit väska.
I need a new car.	Jag behöver en ny bil.
I need a fast car.	Jag behöver en snabb bil.
I need a comfortable car.	Jag behöver en bekväm bil.
An old lady lives at the top.	Där uppe bor en gammal dam.
A fat lady lives at the top.	Där uppe bor en tjock dam.
A curious lady lives below.	Där nere bor en nyfiken dam.
Our guests were nice people.	Våra gäster var trevliga människor.
Our guests were polite people.	Våra gäster var artiga människor.
Our guests were interesting people.	Våra gäster var intressanta människor.
I have lovely children.	Jag har snälla barn.
But the neighbours have naughty children.	Men våra grannar har elaka barn.
Are your children well behaved?	Är era barn väluppfostrade?

80 [eighty]

Adjectives 3

80 [åttio]

Adjektiv 3

She has a dog.
The dog is big.
She has a big dog.

Hon har en hund.
Hunden är stor.
Hon har en stor hund.

She has a house.
The house is small.
She has a small house.

Hon har ett hus.
Huset är litet.
Hon har ett litet hus.

He is staying in a hotel.
The hotel is cheap.
He is staying in a cheap hotel.

Han bor på ett hotell.
Hotellet är billigt.
Han bor på ett billigt hotell.

He has a car.
The car is expensive.
He has an expensive car.

Han har en bil.
Bilen är dyr.
Han har en dyr bil.

He reads a novel.
The novel is boring.
He is reading a boring novel.

Han läser en roman.
Romanen är långtråkig.
Han läser en långtråkig roman.

She is watching a movie.
The movie is exciting.
She is watching an exciting movie.

Hon ser en film.
Filmen är spännande.
Hon ser en spännande film.

81 [eighty-one]

Past tense 1

81 [åttoiett]

Förfluten tid 1

to write
He wrote a letter.
And she wrote a card.

skriva
Han skrev ett brev.
Och hon skrev ett kort.

to read
He read a magazine.
And she read a book.

läsa
Han läste en veckotidning.
Och hon läste en bok.

to take
He took a cigarette.
She took a piece of chocolate.

ta
Han tog en cigarett.
Hon tog en bit choklad.

He was disloyal, but she was loyal.
He was lazy, but she was hard-working.
He was poor, but she was rich.

Han var otrogen, men hon var trogen.
Han var lat, men hon var flitig.
Han var fattig, men hon var rik.

He had no money, only debts.
He had no luck, only bad luck.
He had no success, only failure.

Han hade inga pengar, utan skulder.
Han hade inte tur, utan otur.
Han hade ingen framgång, utan motgång.

He was not satisfied, but dissatisfied.
He was not happy, but sad.
He was not friendly, but unfriendly.

Han var inte nöjd, utan missnöjd.
Han var inte lycklig, utan olycklig.
Han var inte sympatisk, utan osympatisk.

82 [eighty-two]

Past tense 2

82 [åttiotvå]

Förfluten tid 2

Did you have to call an ambulance?	Var du tvungen att ringa på en ambulans?
Did you have to call the doctor?	Var du tvungen att ringa efter en läkare?
Did you have to call the police?	Var du tvungen att ringa på polisen?
Do you have the telephone number? I had it just now.	Har ni telefonnumret? Jag hade det nyss.
Do you have the address? I had it just now.	Har ni adressen? Jag hade den nyss.
Do you have the city map? I had it just now.	Har ni stadskartan? Jag hade den nyss.
Did he come on time? He could not come on time.	Kom han punktligt? Han kunde inte vara punktlig.
Did he find the way? He could not find the way.	Hittade han vägen? Han kunde inte hitta vägen.
Did he understand you? He could not understand me.	Förstod han dig? Han kunde inte förstå mig.
Why could you not come on time?	Varför kunde du inte vara punktlig?
Why could you not find the way?	Varför kunde du inte hitta vägen?
Why could you not understand him?	Varför kunde du inte förstå honom?
I could not come on time because there were no buses.	Jag kunde inte komma punktligt, eftersom det inte gick någon buss.
I could not find the way because I had no city map.	Jag kunde inte hitta vägen, eftersom jag inte hade någon stadskarta.
I could not understand him because the music was so loud.	Jag kunde inte förstå honom, eftersom musiken var så högljudd.
I had to take a taxi.	Jag var tvungen att ta en taxi.
I had to buy a city map.	Jag var tvungen att köpa en stadskarta.
I had to switch off the radio.	Jag var tvungen att stänga av radion.

83 [eighty-three]

Past tense 3

83 [åttiotre]

Förfluten tid 3

to make a call	ringa
I made a call.	Jag har ringt.
I was talking on the phone all the time.	Jag har ringt hela tiden.
to ask	fråga
I asked.	Jag har frågat.
I always asked.	Jag har alltid frågat.
to narrate	berätta
I narrated.	Jag har berättat.
I narrated the whole story.	Jag har berättat hela historien.
to study	studera
I studied.	Jag har studerat.
I studied the whole evening.	Jag har studerat hela kvällen.
to work	arbeta
I worked.	Jag har arbetat.
I worked all day long.	Jag har arbetat hela dagen.
to eat	äta
I ate.	Jag har ätit.
I ate all the food.	Jag har ätit upp hela maten.

84 [eighty-four]

Past tense 4

84 [åttiofyra]

Förfluten tid 4

to read
I read.
I read the whole novel.

läsa
Jag har läst.
Jag har läst hela romanen.

to understand
I understood.
I understood the whole text.

förstå
Jag har förstått.
Jag har förstått hela texten.

to answer
I answered.
I answered all the questions.

svara
Jag har svarat.
Jag har svarat på alla frågorna.

I know that – I knew that.
I write that – I wrote that.
I hear that – I heard that.

Jag vet det – jag har vetat det.
Jag skriver det – jag har skrivit det.
Jag hör det – jag har hört det.

I'll get it – I got it.
I'll bring that – I brought that.
I'll buy that – I bought that.

Jag hämtar det – jag har hämtat det.
Jag tar med det- jag har tagit med det.
Jag köper det – jag har köpt det.

I expect that – I expected that.
I'll explain that – I explained that.
I know that – I knew that.

Jag förväntar mig det – det har jag förväntat mig.
Jag förklarar det – det har jag förklarat.
Jag känner det – jag har känt det.

85 [eighty-five]

Questions – Past tense 1

85 [åttiofem]

Fråga – förfluten tid 1

How much did you drink?	Hur mycket har ni druckit?
How much did you work?	Hur mycket har ni arbetat?
How much did you write?	Hur mycket har ni skrivit?
How did you sleep?	Hur har ni sovit?
How did you pass the exam?	Hur har ni klarat provet ?
How did you find the way?	Hur har ni hittat vägen?
Who did you speak to?	Med vem har ni talat?
With whom did you make an appointment?	Vem har ni stämt träff med?
With whom did you celebrate your birthday?	Vem har ni firat födelsedag med?
Where were you?	Var har ni varit?
Where did you live?	Var har ni bott?
Where did you work?	Var har ni arbetat?
What did you suggest?	Vad har ni rekommenderat?
What did you eat?	Vad har ni ätit?
What did you experience?	Vad har ni fått reda på?
How fast did you drive?	Hur fort har ni kört?
How long did you fly?	Hur länge har ni flugit?
How high did you jump?	Hur högt har ni hoppat?

86 [eighty-six]

Questions – Past tense 2

86 [åttiosex]

Fråga – förfluten tid 2

Which tie did you wear?	Vilken slips hade du på dig?
Which car did you buy?	Vilken bil har du köpt?
Which newspaper did you subscribe to?	Vilken tidning har du prenumererat på?
Who did you see?	Vem har du sett?
Who did you meet?	Vem har du träffat?
Who did you recognize?	Vem har du känt igen?
When did you get up?	När har ni gått upp?
When did you start?	När har ni börjat?
When did you finish?	När har ni slutat?
Why did you wake up?	Varför har ni vaknat?
Why did you become a teacher?	Varför blev ni lärare?
Why did you take a taxi?	Varför har ni tagit en taxi?
Where did you come from?	Vart kommer ni ifrån?
Where did you go?	Vart har ni gått?
Where were you?	Var har ni varit?
Who did you help?	Vem har du hjälpt?
Who did you write to?	Vem har du skrivit till?
Who did you reply to?	Vem har du svarat?

87 [eighty-seven]

Past tense of modal verbs 1

87 [åttiosju]

Förfluten tid av modala hjälpverb 1

We had to water the flowers.	Vi var tvungna att vattna blommorna.
We had to clean the apartment.	Vi var tvungna att städa lägenheten.
We had to wash the dishes.	Vi var tvungna att diska.
Did you have to pay the bill?	Var ni tvungna att betala räkningen?
Did you have to pay an entrance fee?	Var ni tvungna betala inträde?
Did you have to pay a fine?	Var ni tvungna att betala böter?
Who had to say goodbye?	Vem måste ta avsked?
Who had to go home early?	Vem måste gå hem tidigt?
Who had to take the train?	Vem måste ta tåget?
We did not want to stay long.	Vi ville inte stanna länge.
We did not want to drink anything.	Vi ville inte dricka något.
We did not want to disturb you.	Vi ville inte störa.
I just wanted to make a call.	Jag ville just ringa.
I just wanted to call a taxi.	Jag ville beställa en taxi.
Actually I wanted to drive home.	Jag ville nämligen åka hem.
I thought you wanted to call your wife.	Jag tänkte att du ville ringa till din fru.
I thought you wanted to call information.	Jag trodde att du ville ringa upplysningen.
I thought you wanted to order a pizza.	Jag trodde att du ville beställa en pizza.

88 [eighty-eight]

Past tense of modal verbs 2

My son did not want to play with the doll.
My daughter did not want to play football / soccer *(am.)*.
My wife did not want to play chess with me.

My children did not want to go for a walk.
They did not want to tidy the room.
They did not want to go to bed.

He was not allowed to eat ice cream.
He was not allowed to eat chocolate.
He was not allowed to eat sweets.

I was allowed to make a wish.
I was allowed to buy myself a dress.
I was allowed to take a chocolate.

Were you allowed to smoke in the airplane?
Were you allowed to drink beer in the hospital?
Were you allowed to take the dog into the hotel?

During the holidays the children were allowed to remain outside late.
They were allowed to play in the yard for a long time.
They were allowed to stay up late.

88 [åttioåtta]

Förfluten tid av modala hjälpverb 2

Min son ville inte leka med dockan.
Min dotter ville inte spela fotboll.
Min fru ville inte spela schack med mig.

Mina barn ville inte ta en promenad.
De ville inte städa rummet.
De ville inte gå i säng.

Han fick inte äta glass.
Han fick inte äta choklad.
Han fick inte äta godis.

Jag fick önska mig något.
Jag fick köpa mig en klänning.
Jag fick ta en pralin.

Fick du röka i flygplanet?
Fick du dricka öl på sjukhuset?
Fick du ta med hunden på hotellet?

På sommarlovet fick barnen vara ute länge.
De fick leka länge på gården.
De fick stanna uppe länge.

89 [eighty-nine]

Imperative 1

89 [åttionio]

Imperativ 1

You are so lazy – don't be so lazy!
You sleep for so long – don't sleep so late!
You come home so late – don't come home so late!

You laugh so loudly – don't laugh so loudly!
You speak so softly – don't speak so softly!
You drink too much – don't drink so much!

You smoke too much – don't smoke so much!
You work too much – don't work so much!
You drive too fast – don't drive so fast!

Get up, Mr. Miller!
Sit down, Mr. Miller!
Remain seated, Mr. Miller!

Be patient!
Take your time!
Wait a moment!

Be careful!
Be punctual!
Don't be stupid!

Du är så lat – var inte så lat!
Du sover så länge – sov inte så länge!
Du kommer så sent – kom inte så sent!

Du skrattar så högt – skratta inte så högt!
Du talar så tyst – tala inte så tyst!
Du dricker för mycket – drick inte så mycket!

Du röker för mycket – rök inte så mycket!
Du arbetar för mycket – arbeta inte så mycket!
Du kör för fort – kör inte så fort!

Stå upp, herr Müller!
Sitt ner, herr Müller!
Sitt kvar, herr Müller!

Ha tålamod!
Ta er tid!
Vänta ett ögonblick!

Var försiktig!
Var punktlig!
Var inte dum!

90 [ninety]

Imperative 2

90 [nittio]

Imperativ 2

Shave!	Raka dig!
Wash yourself!	Tvätta dig!
Comb your hair!	Kamma dig!
Call!	Ring!
Begin!	Börja!
Stop!	Sluta!
Leave it!	Låt bli det!
Say it!	Säg det!
Buy it!	Köp det!
Never be dishonest!	Var aldrig oärlig!
Never be naughty!	Var aldrig otrevlig!
Never be impolite!	Var aldrig oartig!
Always be honest!	Var alltid ärlig!
Always be nice!	Var alltid trevlig!
Always be polite!	Var alltid artig!
Hope you arrive home safely!	Hoppas hemresan går bra!
Take care of yourself!	Var rädda om er!
Do visit us again soon!	Kom snart och hälsa på oss igen!

91 [ninety-one]

Subordinate clauses: *that* 1

91 [nittioett]

Bisatser med *att* 1

Perhaps the weather will get better tomorrow.	Vädret blir kanske bättre imorgon.
How do you know that?	Hur vet ni det ?
I hope that it gets better.	Jag hoppas, att det blir bättre.
He will definitely come.	Han kommer alldeles säkert.
Are you sure?	Är det säkert?
I know that he'll come.	Jag vet, att han kommer.
He'll definitely call.	Han ringer säkert.
Really?	Verkligen?
I believe that he'll call.	Jag tror, att han ringer.
The wine is definitely old.	Vinet är säkert gammalt.
Do you know that for sure?	Vet ni det säkert?
I think that it is old.	Jag antar, att det är gammalt.
Our boss is good-looking.	Vår chef ser bra ut.
Do you think so?	Tycker ni?
I find him very handsome.	Jag tycker till och med, att han ser mycket bra ut.
The boss definitely has a girlfriend.	Chefen har säkert en vännina.
Do you really think so?	Tror ni det verkligen?
It is very possible that he has a girlfriend.	Det är mycket möjligt, att han har en väninna.

92 [ninety-two]

Subordinate clauses: *that* 2

92 [nittiotvå]

Bisatser med *att* 2

I'm angry that you snore.	Det irriterar mig, att du snarkar.
I'm angry that you drink so much beer.	Det irriterar mig, att du dricker så mycket öl.
I'm angry that you come so late.	Det irriterar mig, att du kommer så sent.
I think he needs a doctor.	Jag tror, att han behöver en läkare.
I think he is ill.	Jag tror, att han är sjuk.
I think he is sleeping now.	Jag tror, att han sover nu.
We hope that he marries our daughter.	Vi hoppas, att han gifter sig med vår dotter.
We hope that he has a lot of money.	Vi hoppas, att han har mycket pengar.
We hope that he is a millionaire.	Vi hoppas, att han är miljonär.
I heard that your wife had an accident.	Jag har hört, att din fru var med om en olycka.
I heard that she is in the hospital.	Jag har hört, att hon ligger på sjukhuset.
I heard that your car is completely wrecked.	Jag har hört, att din bil är helt sönder.
I'm happy that you came.	Jag är glad, att ni kom.
I'm happy that you are interested.	Det gläder mig, att ni visar intresse.
I'm happy that you want to buy the house.	Det gläder mig, att ni vill köpa huset.
I'm afraid the last bus has already gone.	Jag är rädd, att den sista bussen redan har åkt.
I'm afraid we will have to take a taxi.	Jag är rädd, att vi måste ta en taxi.
I'm afraid I have no more money.	Jag är rädd, att jag inte har några pengar på mig.

93 [ninety-three]

Subordinate clauses: *if*

93 [nittiotre]

Bisatser med *om*

I don't know if he loves me.	Jag vet inte, om han älskar mig.
I don't know if he'll come back.	Jag vet inte, om han kommer tillbaka.
I don't know if he'll call me.	Jag vet inte, om han ringer mig.
Maybe he doesn't love me?	Om han älskar mig?
Maybe he won't come back?	Om han kommer tillbaka?
Maybe he won't call me?	Om han ringer mig?
I wonder if he thinks about me.	Jag frågar mig, om han tänker på mig.
I wonder if he has someone else.	Jag frågar mig, om han har en annan.
I wonder if he lies.	Jag undrar, om han ljuger.
Maybe he thinks of me?	Om han tänker på mig?
Maybe he has someone else?	Om han har en annan?
Maybe he tells me the truth?	Om han säger sanningen?
I doubt whether he really likes me.	Jag tvivlar på, att han verkligen tycker om mig.
I doubt whether he'll write to me.	Jag tvivlar på, att han skriver till mig.
I doubt whether he'll marry me.	Jag tvivlar på, att han vill gifta sig med mig.
Does he really like me?	Om han verkligen tycker om mig?
Will he write to me?	Om han skriver till mig?
Will he marry me?	Om han gifter sig med mig?

94 [ninety-four]

Conjunctions 1

94 [nittiofyra]

Konjunktioner 1

Wait until the rain stops.
Wait until I'm finished.
Wait until he comes back.

Vänta, tills det slutar regna.
Vänta, tills jag är färdig.
Vänta, tills han kommer tillbaka.

I'll wait until my hair is dry.
I'll wait until the film is over.
I'll wait until the traffic light is green.

Jag väntar tills mitt hår är torrt.
Jag väntar tills filmen är slut.
Jag väntar tills trafikljuset blir grönt.

When do you go on holiday?
Before the summer holidays?
Yes, before the summer holidays begin.

När åker du på semester?
Innan sommarlovet?
Ja, innan sommarlovet börjar.

Repair the roof before the winter begins.
Wash your hands before you sit at the table.
Close the window before you go out.

Reparera taket, innan vintern börjar.
Tvätta händerna, innan du sätter dig till bords.
Stäng fönstret, innan du går ut.

When will you come home?
After class?
Yes, after the class is over.

När kommer du hem?
Efter lektionen?
Ja, efter det att lektionen är slut.

After he had an accident, he could not work anymore.
After he had lost his job, he went to America.
After he went to America, he became rich.

Efter olyckan, kunde han inte arbeta längre.
Efter det att han förlorat sitt arbete, åkte han till Amerika.
Efter det att han åkt till Amerika, blev han rik.

95 [ninety-five]

Conjunctions 2

95 [nittiofem]

Konjunktioner 2

Since when is she no longer working?
Since her marriage?
Yes, she is no longer working since she got married.

Sen när arbetar hon inte längre?
Sedan hon gift sig?
Ja, hon arbetar inte längre, sedan hon gift sig.

Since she got married, she's no longer working.
Since they have met each other, they are happy.
Since they have had children, they rarely go out.

Sedan hon gift sig, arbetar hon inte längre.
Sedan de träffades, är de lyckliga.
Sedan de har fått barn, går de sällan ut.

When does she call?
When driving?
Yes, when she is driving.

När ringer hon?
Medan hon kör?
Ja, medan hon kör bil.

She calls while she drives.
She watches TV while she irons.
She listens to music while she does her work.

Hon ringer, medan hon kör bil.
Hon ser på TV, medan hon stryker.
Hon hör på musik, medan hon gör sina läxor.

I can't see anything when I don't have glasses.
I can't understand anything when the music is so loud.
I can't smell anything when I have a cold.

Jag ser inget, när jag inte har några glasögon.
Jag förstår inget, när musiken är så högljudd.
Jag känner inga lukter, när jag är snuvig.

We'll take a taxi if it rains.
We'll travel around the world if we win the lottery.
We'll start eating if he doesn't come soon.

Vi tar en taxi, när det regnar.
Vi reser jorden runt, om vi vinner på lotto.
Vi börjar med maten, om han inte kommer snart.

96 [ninety-six]

Conjunctions 3

96 [nittiosex]

Konjunktioner 3

I get up as soon as the alarm rings.
I become tired as soon as I have to study.
I will stop working as soon as I am 60.

Jag går upp, så snart väckarklockan ringer.
Jag blir trött, så fort jag ska lära mig något.
Jag slutar arbeta, så snart jag blivit 60.

When will you call?
As soon as I have a moment.
He'll call, as soon as he has a little time.

När ringer ni?
Så snart jag har litet tid.
Han ringer, så snart han har lite tid.

How long will you work?
I'll work as long as I can.
I'll work as long as I am healthy.

Hur länge kommer ni att arbeta?
Jag kommer att arbeta, så länge jag kan.
Jag kommer att arbeta, så länge jag är frisk.

He lies in bed instead of working.
She reads the newspaper instead of cooking.
He is at the bar instead of going home.

Han ligger i sängen, istället för att arbeta.
Hon läser tidningen, istället för att laga mat.
Han sitter på krogen, istället för att gå hem.

As far as I know, he lives here.
As far as I know, his wife is ill.
As far as I know, he is unemployed.

Såvitt jag vet, bor han här.
Såvitt jag vet, är hans fru sjuk.
Såvitt jag vet, är han arbetslös.

I overslept; otherwise I'd have been on time.

I missed the bus; otherwise I'd have been on time.

I didn't find the way / I got lost; otherwise I'd have been on time.

Jag hade försovit mig, annars skulle jag ha varit punktlig.
Jag missade bussen, annars skulle jag ha varit punktlig.
Jag hittade inte vägen, annars skulle jag ha varit punktlig.

97 [ninety-seven]

Conjunctions 4

97 [nittiosju]

Konjunktioner 4

He fell asleep although the TV was on.	Han somnade, fast TV-apparaten var på.
He stayed a while although it was late.	Han stannade kvar, fast det redan var sent.
He didn't come although we had made an appointment.	Han kom inte, fast vi hade gjort upp en tid.
The TV was on. Nevertheless, he fell asleep.	TV-apparaten var på. Trots det hade han somnat.
It was already late. Nevertheless, he stayed a while.	Det var redan sent. Trots det hade han stannat kvar.
We had made an appointment. Nevertheless, he didn't come.	Vi hade gjort upp en tid. Trots det kom han inte.
Although he has no license, he drives the car.	Trots att han inte har körkort, kör han bil.
Although the road is slippery, he drives so fast.	Trots att det är halt, kör han fort.
Although he is drunk, he rides his bicycle.	Trots att han är berusad, cyklar han.
Despite having no licence / license *(am.)*, he drives the car.	Han har inget körkort. Trots det kör han bil.
Despite the road being slippery, he drives fast.	Det är halkigt. Trots det kör han så fort.
Despite being drunk, he rides the bike.	Han är berusad. Trots det cyklar han.
Although she went to college, she can't find a job.	Hon hittar inget arbete, trots att hon har studerat.
Although she is in pain, she doesn't go to the doctor.	Hon går inte till läkaren, trots att hon har ont.
Although she has no money, she buys a car.	Hon köper en bil, trots att hon inte har några pengar.
She went to college. Nevertheless, she can't find a job.	Hon har studerat. Trots det hittar hon inget arbete.
She is in pain. Nevertheless, she doesn't go to the doctor.	Hon har ont. Trots det går hon inte till doktorn.
She has no money. Nevertheless, she buys a car.	Hon har inga pengar. Trots det köper hon sig en bil.

98 [ninety-eight]

Double connectors

98 [nittioåtta]

Dubbel konjunktion

The journey was beautiful, but too tiring.	Resan var trevlig, men för ansträngande.
The train was on time, but too full.	Tåget var punktligt, men för fullt.
The hotel was comfortable, but too expensive.	Hotellet var trevligt, men för dyrt.
He'll take either the bus or the train.	Han tar endera bussen eller tåget.
He'll come either this evening or tomorrow morning.	Han kommer antingen i kväll eller imorgon bitti.
He's going to stay either with us or in the hotel.	Han bor antingen hos oss eller på hotell.
She speaks Spanish as well as English.	Hon talar såväl spanska som engelska.
She has lived in Madrid as well as in London.	Hon har bott såväl i Madrid som i London.
She knows Spain as well as England.	Hon känner såväl Spanien som England.
He is not only stupid, but also lazy.	Han är inte bara dum, utan även lat.
She is not only pretty, but also intelligent.	Hon är inte bara vacker, utan även intelligent.
She speaks not only German, but also French.	Hon talar inte bara tyska, utan även franska.
I can neither play the piano nor the guitar.	Jag kan varken spela piano eller gitarr.
I can neither waltz nor do the samba.	Jag kan varken dansa vals eller samba.
I like neither opera nor ballet.	Jag tycker varken om balett eller opera.
The faster you work, the earlier you will be finished.	Ju snabbare du arbetar, desto tidigare blir du färdig.
The earlier you come, the earlier you can go.	Ju tidigare du kommer, desto tidigare kan du gå.
The older one gets, the more complacent one gets.	Ju äldre man blir, desto bekvämare blir man.

99 [ninety-nine]

Genitive

99 [nittionio]

Genitiv

my girlfriend's cat	min väninnas katt
my boyfriend's dog	min väns hund
my children's toys	mina barns leksaker
This is my colleague's overcoat.	Det är min kollegas kappa.
That is my colleague's car.	Det är min kollegas bil.
That is my colleagues' work.	Det är mina kollegors arbete.
The button from the shirt is gone.	Knappen på skjortan är borta.
The garage key is gone.	Nyckeln till garaget är borta.
The boss' computer is not working.	Chefens dator är sönder.
Who are the girl's parents?	Vilka är flickans föräldrar?
How do I get to her parents' house?	Hur kommer jag till hennes föräldrars hus?
The house is at the end of the road.	Huset ligger vid slutet av gatan.
What is the name of the capital city of Switzerland?	Vad heter huvudstaden i Schweiz?
What is the title of the book?	Vad är titeln på boken?
What are the names of the neighbour's / neighbor's *(am.)* children?	Vad heter grannarnas barn?
When are the children's holidays?	När börjar barnens skollov?
What are the doctor's consultation times?	När är läkarens mottagningstider?
What time is the museum open?	När är museets öppettider?

100 [one hundred]

Adverbs

100 [hundra]

Adverb

already – not yet
Have you already been to Berlin?
No, not yet.

någon gång – aldrig
Har ni varit i Berlin någon gång?
Nej, aldrig.

someone – no one
Do you know someone here?
No, I don't know anyone here.

någon – ingen
Känner ni någon / några här?
Nej, jag känner ingen (a) här.

a little longer – not much longer
Will you stay here a little longer?
No, I won't stay here much longer.

Ännu längre – inte längre
Stannar ni ännu längre här?
Nej, jag stannar inte längre här.

something else – nothing else
Would you like to drink something else?
No, I don't want anything else.

något mer – inget mer
Skulle ni vilja ha något mer att dricka?
Nej, jag skulle inte vilja ha något mer.

something already – nothing yet
Have you already eaten something?
No, I haven't eaten anything yet.

redan något – ännu inget
Har ni redan ätit något?
Nej, jag har inte ätit något än.

someone else – no one else
Does anyone else want a coffee?
No, no one else.

någon mer – ingen mer
Skulle någon mer vilja ha kaffe?
Nej, ingen mer.

Made in the USA
Lexington, KY
19 December 2010